Heiko Bellmann

Schmetterlinge
Erkennen & bestimmen

Herausgegeben von Gunter Steinbach
Fotografiert vom Autor
und von Werner Zepf
Illustriert von Fritz Wendler u.a.

Mosaik

Inhalt

Seite

4 Zum Buch
6 Einführung

10 Kleinschmetterlinge

12 Urmotten
12 Langhornmotten
12 Wickler
12 Federmotten
14 Zünsler
16 Echte Motten
18 Sackträger
18 Gespinstmotten
20 Wurzelbohrer
20 Holzbohrer
22 Glasflügler
22 Fenster-
schwärmerchen

24 Spanner

38 Eulen

54 Schwärmer

66 Spinnerartige

68 Zahnspinner
72 Prozessions-
spinner

74 Schnecken-
spinner
74 Eulenspinner
74 Sichelflügler
76 Glucken
80 Trägspinner
84 Pfauenspinner
86 Birkenspinner
88 Bärenspinner
98 Weißfleck-
widderchen
98 Widderchen

106 Tagfalter

108 Dickkopffalter
112 Bläulinge
130 Würfelfalter
130 Schnauzenfalter
132 Augenfalter
148 Edelfalter
172 Weißlinge
180 Ritterfalter

186 Register der Arten

191 Autor und Bildquellen
192 Verzeichnis der Bände
Anhang: **Ausfalttafel**

Foto links: Kleiner Eisvogel
auf seiner Puppenhülle

Zum Buch

Ein großer Teil unserer Tagfalter lässt sich ohne Mühe und meist eindeutig nach einem einzigen Foto bestimmen. Schwieriger sind die weit artenreicheren Nachtfalter zu benennen. Das noch größere Heer der Kleinschmetterlinge nimmt der Laie in der Regel nur noch summarisch als »Motten« wahr. Unser Feldführer enthält alle markanten Gestalten mitteleuropäischer Tag- und Nachtfalter und ermöglicht darüber hinaus einen interessanten Einblick in die gleichwohl recht reizvollen Formen und Farben kleinerer Falter. Sie erschließen sich dem Betrachter gut durch Makroaufnahmen, aber auch durch Einzelheiten ihrer ökologischen Aufgaben im Naturhaushalt. Dazu gehört das Raupenstadium mit seinen oft kennzeichnenden Futterpflanzen. Es wird bei vielen Arten dieses Bandes im Bild dokumentiert.

Die Gründe für den starken Rückgang des Maivogels sind unbekannt.

Das gesellig lebende Bergkronwicken-Widderchen, ein in Mitteleuropa selten gewordener Bewohner von sonnigen Waldsäumen, ist nach gezielten Pflegemaßnahmen an einigen seiner Fundorte offenbar wieder im Kommen.

Die Fülle der Falter erlitt in Mitteleuropa dramatische Einbußen. Von den rund 1450 heimischen Großschmetterlingen sind nach der derzeitigen Roten Liste 34 Arten ausgestorben oder verschollen, 530 gefährdet, 150 Arten stehen auf der Vorwarnliste. Der Rückgang der Schmetterlinge ist vor allem ein Rückgang ihrer Lebensräume. Aber er trifft einzelne Arten recht unterschiedlich – oder gar nicht. So war der Maivogel (Bild links und Seite S.170) früher in Deutschland weit verbreitet. Heute sind nur noch weniger als 10 bestätigte Vorkommen bekannt. Sehr wärmebedürftige Arten und solche, deren Raupen von stickstoffliebenden Pflanzen leben, nahmen dagegen teilweise zu, z.B. der Totenkopfschwärmer (S.56) oder der »Brennnesselfalter« Kleiner Fuchs (S.150). Schließlich scheinen inzwischen auch Artenschutzprogramme für hochgradig gefährdete Arten zu greifen. Heute kann das Bergkronwicken-Widderchen (S.100) nach früheren erheblichen Bestandseinbußen wieder in örtlich hoher Individuendichte beobachtet werden, wie das Bild oben zeigt. *G. Steinbach*

Einführung

Schmetterlinge sind durchaus beliebt, anders als die übrigen Insekten, die allgemein eher als lästig oder schädlich eingestuft werden. Dieser gute Ruf beruht offenbar auf der prächtigen Färbung und dem unbeschwert wirkenden Erscheinungsbild vieler tagaktiver Arten.

Schuppen der Flügelunterseite (Erdbeerbaumfalter)

Schön durch Schuppen

Die markanten Farbmuster der Falterflügel entstehen durch spezielle, nur etwa 0,1 bis 0,2 mm große Bildungen stark abgeflachter, in der Regel schildförmig verbreiterter Haare, die als Schuppen an einem dünnen Stiel auf der Flügeloberfläche sitzen. Meist sind sie durch eingelagerte Pigmente deutlich gefärbt, aber die einzelne Schuppe nur in jeweils einer Farbe. Erst durch das Zusammenspiel vieler Schuppen entstehen oft kontrastreich gezeichnete Muster. Anders sind die metallischen Schillerschuppen aufgebaut, deren Farbwirkung auf Lichtbrechung an feinsten, lamellenartigen Oberflächenstrukturen beruht. Solche Strukturfarben, die sich oft mit dem Lichteinfallswinkel verändern, findet man etwa bei Bläulingen und den Männchen der Schillerfalter.

Die Schuppen der Flügel dienen aber keineswegs der Flugfähigkeit. Ihre Farbmuster haben offensichtlich eine Bedeutung bei der Partnersuche. Ein zusätzliches Signal geht vielfach von besonderen Duftschuppen auf der Flügeloberseite der Männchen aus, denen aus sehr feinen Poren ein für die Falterweibchen betörender Duft entströmt.

Die von Schuppen gebildeten Farbmuster können aber auch der Tarnung dienen, etwa bei vielen Nachtfaltern. Eine Reihe oberseits prächtig gefärbter Tagfalter zeigt beim Ruhen mit zusammengelegten Flügeln eine wirksam tarnende Flügelunterseite. Manche in Ruhehaltung perfekt getarnten Falter, etwa die Ordensbänder oder einige Schwärmer, spreizen bei Beunruhigung ihre unscheinbar gefärbten Vorderflügel ruckartig auseinander und präsentieren ganz unvermittelt ihre mit grellen Farben, z.B. mit Augenflecken, gezeichneten Hinterflügel. Der damit verbundene Überraschungseffekt dürfte ihnen gegebenenfalls die Flucht erleichtern oder sogar einen Angreifer vertreiben.

Nichts zu beißen

Ein farbiges Schuppenkleid tragen aber nicht allein Schmetterlinge. Auch die bunte Färbung mancher Urinsekten (z.B. der Silberfischchen) und Käfer ist auf Schuppen zurückzuführen. Eine Sonderbildung, die so nur bei den Schmetterlingen vorkommt, ist dagegen der Bau ihrer Mundwerkzeuge. Die ursprünglich beißenden Oberkiefer sind außer bei den sehr urtümlichen Urmotten völlig zurückgebildet, die Unterkiefer zu einem biegsamen Saugrohr umgewandelt. Dieses kann bei einigen Arten mehr als Körperlänge erreichen, bei tropischen Schwärmern fast 30 cm, und wird in Ruhelage spiralig wie eine Uhrfeder aufgerollt. Der Saugrüssel ermöglicht nur die Aufnahme flüssiger Nahrung, in den meisten Fällen Blütennektar. Viele Arten besuchen aber niemals Blüten, sondern saugen an den zuckerhaltigen Ausscheidungen von Blattläusen (»Honigtau«), an Wegpfützen, ausfließenden Baumsäften oder sogar an Kot und verwesenden Tierleichen. Zu diesen »Freunden anrüchiger Nahrungsquellen« gehören mit den Eisvögeln und Schillerfaltern einige der farbenprächtigsten Tagfalter.

Bei vielen Nachtfaltern, insbesondere aus der Gruppe der Spinnerartigen, ist der Rüssel zurückgebildet. Diese Tiere können während ihres kurzen Erwachsenendaseins keine Nahrung mehr aufnehmen und sind in dieser letzten

Zitronenfalter, senkt seinen Rüssel in eine Distelblüte.

Lebensphase ganz auf Reserven aus ihrer Raupenzeit angewiesen.

Duftantennen

Eine besonders raffinierte Entwicklung zeigen die Fühler vieler männlicher Nachtfalter. Feinste Verästelungen mit eingelagerten Geruchsorganen ergeben eine stark vergrößerte Oberfläche, die zu einer außerordentlichen Steigerung des Riechvermögens führt. Die Männchen können damit noch einzelne Moleküle spezieller, von den Weibchen aus Duftdrüsen ausgesandter Lockstoffe wahrnehmen und bis mehrere Kilometer entfernte Partnerinnen aufspüren. Diese erstaunliche Fähigkeit wird heute von Schmetterlingsforschern, aber auch von Obstbauern für ihre Zwecke genutzt. Durch künstlich hergestellte Lockstoffe lässt sich einerseits recht einfach die Verbreitung bestimmter Arten im Gelände klären und andererseits fast die gesamte Männchenpopulation von Arten abfangen, die im Obstbau Schäden verursachen, z.B. von Apfelwicklern. So lässt sich deren Vermehrung stark einschränken.

Die große Metamorphose

Schmetterlinge gehören wie Käfer, Fliegen und Wespen zu den Insekten mit vollständiger Verwandlung (Metamorphose).

Aus dem Ei schlüpft zunächst die Larve, bei den Schmetterlingen Raupe genannt, die sich nach mehreren Häutungen zur Puppe und erst aus ihr in den fertigen Falter umwandelt.

Schmetterlingseier können die unterschiedlichsten Formen und Strukturen aufweisen, kugel-, scheiben- oder kegelförmig sein. Ihre Oberfläche kann glatt sein oder auch filigrane Netzmuster, stachelförmige Fortsätze und verschiedene Farben tragen.

Manche Falter deponieren ihren gesamten Eivorrat – in der Regel zwischen fünfzig und einigen hundert Stück – in Form eines Klumpens oder eines scheibenförmigen »Eispiegels« auf einmal auf der Futterpflanze oder in deren Nähe, andere wiederum entledigen sich nach und nach ihrer Eier.

Manche Arten verstreuen sie sogar aus dem Flug heraus und scheinbar wahllos im Gelände.

Gewöhnlich schlüpfen nach etwa 2-3 Wochen die Raupen. Sie stellen das eigentliche Fress- und Wachstumsstadium des Schmetterlings dar. Bei den meisten Arten sind sie in ihrer Nahrungswahl stark spezialisiert, etwa auf Rosengewächse oder Schmetterlingsblütler. Nicht selten fressen sie in weiten Teilen ihres Verbreitungsgebiets nur an einer einzigen Pflanzenart.

Da die Bindung an bestimmte Futterpflanzen allgemein auf Inhaltsstoffe dieser Pflanzen zurückzuführen ist, kommen manche Raupen an systematisch ganz verschiedenen Gewächsen vor; die des Kohlweißlings fressen beispielsweise nicht nur an Kreuzblütlern wie Kohl, sondern auch an Kapuzinerkressen, die mit Kohl nicht näher verwandt sind, aber offenbar über ähnliche Inhaltsstoffe verfügen. Neben solchen Futterspezialisten gibt

Stürzpuppe, hängend

polster und hängen mit dem Kopf nach unten. Gürtelpuppen werden stehend von einem Gespinstgürtel um ihre Körpermitte gehalten. Die Puppen der Nachtfalter ruhen meistens in einem Gespinstkokon. Die Mehr-

es eine ganze Reihe von Generalisten, die hinsichtlich ihrer Nahrung sehr flexibel sind, so etwa die Raupen vieler Bärenspinner. Doch auch bei diesen ist in vielen Fällen ein Futterwechsel problematisch. Haben sie sich einmal für eine Pflanzenart entschieden, nehmen sie später kein anderes Futter mehr an. Nach einigen, meist etwa 5 Häutungen verlassen viele Raupen ihre Futterpflanze und suchen nach einem geeigneten Verpuppungsplatz über dem Boden oder in ihm, andere bleiben auf der Pflanze und durchlaufen hier ihre weitere Entwicklung.

Die Puppe ist das Umwandlungsstadium der Raupe zum Schmetterling. In ihrem Innern werden die Organe der Raupe zu denen des Falters umgewandelt. Puppen sind weitgehend bewegungsunfähig; sie können lediglich ihren Hinterleib hin und her schwenken. Bei den Tagfaltern unterscheidet man je nach ihrer Position zwei Puppentypen:

Stürzpuppen verankern sich mit Haken ihres Hinterendes in einem Gespinst-

Metamorphose-Serie von den Eiern über Raupe und Puppe zum fertigen Pfauenauge

zahl der Schmetterlinge tritt in einer Generation pro Jahr auf. Die Überwinterung kann als Ei, Raupe oder Puppe, aber auch als fertiger Falter erfolgen. Überwinternde Puppen überliegen manchmal, das heißt, sie entlassen nach der Überwinterung noch nicht den Falter, sondern überwintern ein weiteres Mal und häuten sich erst dann zum Schmetterling. Eine zweijährige Entwicklung kommt bei einigen Arten auch durch langsames Wachstum zustande, häufig in klimatisch ungünstigen Gebieten, etwa in den Hochlagen der Alpen oder in Nordeuropa. Andererseits bringen etliche Arten auch mehrere Generationen im Jahr hervor, im Extremfall, wie etwa beim Kleinen Feuerfalter, vier, fünf oder sogar sechs.

Klein-schmetterlinge

Unter diesem Begriff wird eine ganze Reihe primitiverer Schmetterlingsfamilien zusammengefasst und damit von den übrigen Familien, den »Großschmetterlingen«, abgetrennt. Die sehr umfangreiche Gruppe der Kleinschmetterlinge macht ungefähr die Hälfte aller Schmetterlingsarten aus, in Mitteleuropa sind dies rund 1500 Arten. In der Mehrzahl handelt es sich, wie schon im Namen anklingt, um recht kleine Falter mit einer Flügelspannweite von weniger als einem bis etwa 2 cm, doch werden auch einige ziemlich große Arten bis zu annähernd 10 cm Spannweite zu ihnen gerechnet.

Einige Arten treten als Vorrats- oder Pflanzenschädlinge trotz ihrer geringen Größe recht auffällig in Erscheinung. Doch nur in den seltensten Fällen sind spektakuläre Fraßbilder wie z.B. die Gespinste der Traubenkirschen-Gespinstmotte (Bild) für die befallenen Pflanzen wirklich bedrohlich. Da die Raupen jeweils nur für wenige Wochen im Jahr auftreten, haben die Pflanzen ausreichend Zeit, sich von den erlittenen Schäden wieder zu erholen. So war etwa die abgebildete Traubenkirsche einen Monat später kaum noch von verschont gebliebenen Bäumen zu unterscheiden.

Raupengespinste de

Traubenkirschen-Gespinstmotte

Urmotte *Micropteryx calthella*
FAMILIE URMOTTEN

Merkmale: Sehr klein, Spannweite 7-10 mm; Flügel einfarbig grüngolden, Stirn mit gelbem Haarschopf. Flugzeit V-VI.
Vorkommen: Auf feuchten Wiesen und Lichtungen; fast überall ziemlich häufig.
Wissenswertes: Die Urmotten besitzen als urtümlichste Schmetterlinge noch funktionsfähige Kiefer. Man findet sie, oft zu mehreren, auf Hahnenfußblüten, wo sie vom Pollen fressen. Hier findet auch die Paarung statt. Die unscheinbar grauen, bis zu 4,5 mm langen Raupen leben am Boden und ernähren sich von verschiedenen Pflanzen.

Prachtwickler
Olethreutes arcuella FAMILIE WICKLER

Merkmale: Spannweite 14-18 mm; Vorderflügel orangefarben mit ungewöhnlich buntem, feinem Fleckenmuster. Flugzeit V-VIII.
Vorkommen: An Waldrändern und Gebüschen; durchaus nicht selten.
Wissenswertes: Der bunte, kleine Falter gehört zu den farbenprächtigsten Schmetterlingen überhaupt. Er ist tagaktiv und sitzt gern im Sonnenschein auf Blättern, fliegt aber bei der geringsten Beunruhigung weg. Seine dunkelbraune Raupe lebt versteckt am Boden, wo sie sich von Falllaub und verdorrten Pflanzenteilen ernährt. Sie überwintert und verpuppt sich erst im Frühjahr.

Federgeistchen *Pterophorus pentadactylus* FAMILIE FEDERMOTTEN

Merkmale: Spannweite 26-34 mm. Ganzes Tier schneeweiß gefärbt; Vorderflügel in 2, Hinterflügel in 3 fein zerfiederte Abschnitte aufgespalten. Flugzeit V-IX in 1-2 Generationen.
Vorkommen: An Wald- und Wegrändern; im Allgemeinen nicht selten.
Wissenswertes: Der sehr zerbrechlich wirkende, unverwechselbare Falter fliegt überwiegend nachts, aber auch schon in den Nachmittagsstunden. Seine grünen Raupen entwickeln sich an den Blättern von Winden.
Bei den ähnlichen Geistchen (Familie *Alucitidae*) sind Vorder- und Hinterflügel gleichmäßig in je 6 federartige Abschnitte aufgefächert.

Skabiosen-Langhornmotte
Nemophora metallica LANGHORNMOTTEN

Merkmale: Spannweite 15-20 mm; Vorderflügel messingfarben, ohne Zeichnung. Fühler beim ♀ (Bild) von 1,5-facher, beim ♂ von etwa 3-facher Flügellänge. Flugzeit VI-VIII.
Vorkommen: Auf Trockenrasen und an blütenreichen Wald- und Wegrändern; nicht selten.
Wissenswertes: Die tagaktiven Falter sitzen oft paarweise auf den Blütenköpfen von Skabiosen oder Witwenblumen. Hier findet auch anfänglich die Entwicklung der Raupen statt. Später gehen diese auf den Boden hinab und ernähren sich dort von verschiedenen Pflanzenteilen.

Bräunlicher Obstbaum-wickler *Archips podana* F. WICKLER

Merkmale: Spannweite 19-28 mm. Vorderrand der Vorderflügel kurz vor der Spitze deutlich eingebuchtet, Spitze zipfelig vorgezogen; dunkle Zeichnung sehr variabel. Flugzeit VI-VII.
Vorkommen: An Waldrändern sowie in Gärten und Obstplantagen; fast überall häufig.
Wissenswertes: Der Falter ist vorwiegend dämmerungs- und nachtaktiv. Seine Raupe entwickelt sich an verschiedenen Laubhölzern, z.B. an Apfelbäumen, und kann gelegentlich Schäden anrichten. Sie frisst zunächst an Blättern und Früchten, nach der Überwinterung an den Knospen. Später sitzt sie zwischen zusammengesponnenen Blättern.

Huflattich-Federmotte
Platyptila gonodactyla F. FEDERMOTTEN

Merkmale: Spannweite 20-30 mm. Vorderflügel mit verschwommener bräunlicher Zeichnung, von außen her zu weniger als einem Drittel in 2 Zipfel gespalten, vorderer Zipfel mit konkavem, hinterer mit schrägem Außenrand. Flugzeit V-X.
Vorkommen: An feuchten Wald- und Wegrändern; überall häufig.
Wissenswertes: Der dämmerungs- und nachtaktive Falter fliegt alljährlich in 2 Generationen. Seine Raupen entwickeln sich an Huflattich, seltener auch an Pestwurz. Sie minieren zunächst in den Blättern und fressen später an der Blattunterseite. Die Herbstraupen bohren sich in den Stängel hinein, um dort zu überwintern.

URMOTTEN - FEDERMOTTEN 13

Laichkrautzünsler
Elophila nymphaeata FAMILIE ZÜNSLER

Merkmale: Spannweite 22-30 mm. Flügel weiß mit schmalen, braunen Schleifen und Zackenbinden. Flugzeit VI-VIII. Raupe klein, bräunlich.
Vorkommen: An stehenden Gewässern mit Schwimmblattpflanzen; häufig.
Wissenswertes: Der vorwiegend dämmerungsaktive Falter setzt sich meist kopfunter an Pflanzenstängel oder Blattunterseiten. Seine Raupe entwickelt sich vorzugsweise am Schwimmenden Laichkraut, seltener an anderen Schwimmblattpflanzen. Sie hält sich unter einem ovalen Blattstück auf, das sie an der Unterseite eines Schwimmblatts festspinnt. Die Verpuppung erfolgt in einem luftgefüllten Köcher aus 2 solchen Blattstücken, etwa 5-10 cm unter dem Wasserspiegel. Der geschlüpfte Falter wird durch die ihn umgebende Lufthülle zur Wasseroberfläche emporgetragen.

Igelkolbenzünsler
Nymphula stagnata FAMILIE ZÜNSLER

Merkmale: Spannweite 18-22 mm. Ähnlich dem Laichkrautzünsler, doch Flügelzeichnung kontrastreicher und ohne Zackenbinden. Flugzeit VI-VIII.
Vorkommen: An pflanzenreichen Teichen und Gräben; seltener als der Laichkrautzünsler.
Wissenswertes: Die Raupe ernährt sich vorzugsweise von Igelkolben-Arten. Sie miniert zunächst in Blättern oder Stängeln der Futterpflanze, überwintert und stellt sich im folgenden Frühjahr aus Blattstücken einen Köcher her. Mit diesem treibt sie in Höhe des Wasserspiegels und frisst von dort aus weiter an der Nährpflanze. Zur Verpuppung spinnt sie an der Unterseite eines Schwimmblatts einen Kokon.

> *Ähnlich:* **Wasserlinsenzünsler** *Cataclysta lemnata*, im Hinterflügel eine auffallende schwarze Saumbinde mit silbernen Punkten. Seine Raupe lebt in Höhe des Wasserspiegels in einem Köcher aus Wasserlinsenstücken.

Weißer Wasserzünsler
Acentria ephemerella FAMILIE ZÜNSLER

Merkmale: Spannweite 11-20 mm. ♂ (großes Foto) normal geflügelt, ♀ voll geflügelt oder stummelflügelig. Flugzeit V-IX. Raupe hell grünlich.
Vorkommen: An stehenden, pflanzenreichen Gewässern; ziemlich selten, doch vielerorts sicherlich nur übersehen.
Wissenswertes: Der vorwiegend nachtaktive kleine Falter hält sich tagsüber in der Vegetation verborgen. Während die geflügelten Weibchen wie die Männchen an Land leben, sind die stummelflügeligen Weibchen echte Wassertiere. Sie kriechen, von einer dünnen Lufthülle umgeben, an Wasserpflanzen umher. Zur Paarung strecken sie den Männchen ihre Hinterleibsspitze durch den Wasserspiegel hindurch entgegen.
Die ebenfalls unter Wasser lebende Raupe entwickelt sich an verschiedenen Wasserpflanzen, vorzugsweise an Wasserpest oder Laichkraut-Arten.

Brennnesselzünsler
Eurrhypara hortulata FAMILIE ZÜNSLER

Merkmale: Spannweite 24-28 mm. Körper und Flügelbasis gelblich, Flügel ansonsten weiß mit schwarzen Flecken, die im Spitzenteil zu regelmäßigen, randparallelen Binden angeordnet sind. Flugzeit VI-VIII.
Vorkommen: In Wäldern und Gärten, besonders an etwas feuchten Stellen; überall sehr häufig.
Wissenswertes: Der dämmerungs- und nachtaktive Falter hält sich tagsüber im Gebüsch verborgen, lässt sich aber leicht aufscheuchen. Bei Dunkelheit fliegt er oft künstliche Lichtquellen an und ist dann am nächsten Morgen in deren Nähe zu entdecken.
Die gelb oder grün gefärbte, kaum behaarte Raupe entwickelt sich meist an Brennnesseln, daneben aber auch an Minze, Ziest und Johannisbeere sowie an verschiedenen anderen Pflanzen. In Fraßpausen sitzt sie in einem nach unten wie zu einer Zigarre zusammengerollten und innen versponnenen Blatt. Vor der Überwinterung spinnt sie sich am Boden in einen Kokon ein. Die Verpuppung erfolgt dann im Frühjahr.

ZÜNSLER **15**

Purpurroter Zünsler
Pyrausta purpuralis FAMILIE ZÜNSLER

Merkmale: Spannweite rund 20 mm. Kopf und Brust goldgelb; Vorderflügel purpurn mit gelben Flecken, Hinterflügel schwärzlich mit gelber Binde. Flugzeit V-IX in 2 Generationen.
Vorkommen: Auf Wiesen und an grasigen Wegrändern; überall häufig.
Wissenswertes: Der hübsche, kleine Falter ist tag- und nachtaktiv. Seine grüne, mit gelblichen Längslinien gezeichnete Raupe hat einen braunen Kopf. Sie lebt versteckt am Boden zwischen zusammengesponnenen Blättern verschiedener Minze-Arten und einiger weiterer Lippenblütler.

Wiesenzünsler
Catoptria conchella FAMILIE ZÜNSLER

Merkmale: Spannweite um 25 mm. Vorderflügel zimtbraun mit weißen Fransen und einer weißen Längsbinde, die durch einen dunkelbraunen Schrägstreifen unterteilt ist. Flugzeit VI-VIII.
Vorkommen: In offenem, grasigem Gelände, vor allem in den Alpen; ziemlich selten.
Wissenswertes: Der dämmerungsaktive Falter ruht meist kopfunten an Grashalmen. Seine Raupe entwickelt sich an Gräsern. Sie hält sich am Boden in einer Gespinströhre verborgen. Es gibt viele weitere, z.T. sehr häufige Arten dieser u. anderer Gattungen mit ähnlicher Lebensweise.

Kleine Wachsmotte
Achroia grisella FAMILIE ZÜNSLER

Merkmale: Spannweite 13-25 mm. Flügel graubraun ohne deutlichen Zeichnungen, Stirn gelb beschuppt. Flugzeit ganzjährig.
Vorkommen: In Bienenstöcken häufig, seltener auch in Wohnungen.
Wissenswertes: Die meist gesellig auftretenden Raupen überziehen die Bienenwaben mit ihren Gespinsten. Sie ernähren sich vorwiegend von Pollenresten, doch auch vom Bienenwachs. Gelegentlich treten sie auch an Süßwaren auf.
Ähnlich: Die an den gleichen Orten lebende, etwas größere **Große Wachsmotte** *Galleria mellonella* hat eine grau beschuppte Stirn.

Dörrobstmotte
Plodia interpunctella FAMILIE ZÜNSLER

Merkmale: Spannweite 13-20 mm. Flügel rotbraun mit gelber Binde in der Basalhälfte und blauen Zeichnungen. Flugzeit V-X.
Vorkommen: Vorwiegend in Wohnungen und Nahrungsmittelspeichern, doch auch im Freiland; fast überall häufig.
Wissenswertes: Die weißlich oder rötlich gefärbte, dunkelköpfige Raupe entwickelt sich an verschiedensten Getreideprodukten, Nüssen und Süßwaren, besonders gern an Schokoladenkonfekt. Sie verwebt diese Nahrungsmittel mit ihren Gespinsten und macht sie dadurch unbrauchbar. In den Gespinsten findet auch die Verpuppung statt.

Pelzmotte *Tinea pellionella*
FAMILIE ECHTE MOTTEN

Merkmale: Spannweite 11-17 mm. Flügel glänzend kupferfarben mit einem kleinen, dunklen Fleck, der ungefähr ein Drittel der Flügellänge von der Flügelspitze entfernt ist; Stirn mit einem Schopf aus gelben Schuppen. Flugzeit VI-VIII.
Vorkommen: In Wohnungen; überall ziemlich häufig, aber seltener als die Kleidermotte.
Wissenswertes: Die bis zu 8 mm lange, weißlich gefärbte Raupe hat einen dunkelbraunen Kopf. Sie ernährt sich von Textilien, Federn oder Pelzen. Aus Teilen ihrer Nahrung fertigt sie sich einen etwa 6 mm langen, ovalen Köcher, den sie ständig mit sich herumträgt (rechtes Foto). Da sie zumeist einzeln auftritt, ist der von ihr angerichtete Schaden in aller Regel nur gering.

Ähnlich: **Kleidermotte** *Tineola bisselliella*, etwa gleich groß, mit einfarbig kupferglänzenden Flügeln. Ihre bis zu 9 mm lange Raupe besitzt eine hellbraune Kopfkapsel und lebt in einer Gespinströhre, die an der Nahrungsquelle befestigt ist, z.B. an Wollstoffen, Fellen, Federn oder Teppichen. Sie frisst aber auch Sojamehl, Trockenfleisch und viele andere Stoffe. Durch überaus rasche Vermehrung kann die Art große Schäden anrichten.

ZÜNSLER UND ECHTE MOTTEN 17

Felsflur-Sackträger
Epichnopterix sieboldii SACKTRÄGER

Merkmale: Spannweite 10-14 mm. ♂ (großes Bild) normal geflügelt, Flügel mit haarfeiner, grauer Beschuppung; ♀ völlig flügellos, rötlich gefärbt, Beine verkümmert. Flugzeit III-IV. Raupe rötlich gefärbt.

Vorkommen: An warmen, felsigen Orten im südlichen D; ziemlich selten.

Wissenswertes: Die Raupe lebt in einem Gespinstsack, der mit parallel angeordneten, dürren Grasstücken belegt ist (kleines Bild), und ernährt sich von verschiedenen krautigen Pflanzen. Schon an den ersten warmen Frühlingstagen sind die Falter ♂ zu beobachten, die auf der Suche nach Weibchen rastlos umherfliegen. Diese sitzen in ihren an Pflanzen festgesponnenen Säcken und strecken zum Anlocken der Partner nur ihren Vorderkörper aus der Sacköffnung hervor. **RL**

Dreikant-Zwergsackträger
Dahlica triquetrella FAM. SACKTRÄGER

Merkmale: Spannweite 14-15 mm. ♂ mit feiner, dunkler Gitterzeichnung auf den grauen Flügeln; ♀ (großes Bild) flügellos. Flugzeit III-V. Raupe bleich.

Vorkommen: In etwas feuchten Laub- und Nadelwäldern; überall ziemlich häufig.

Wissenswertes: Die Raupe fertigt einen im Querschnitt dreikantigen Gespinstsack, der mit winzigen Holzspänen, oft auch mit Teilen toter Insekten belegt ist (kleines Bild). Man findet sie vor allem auf Baumrinde, wo sie sich vom Flechtenbewuchs ernährt. In den meisten Gebieten fehlen ♂. Die ♀ vermehren sich dann durch Jungfernzeugung. Frisch geschlüpft setzen sie sich auf ihren Gespinstsack und stülpen zum Anlocken von ♂ die Legeröhre aus (Bild). Nach einiger Zeit erfolglosen Werbens legen sie ihre Eier ab.

Traubenkirschen-Gespinstmotte *Yponomeuta evonymella*

Merkmale: Spannweite 22-26 mm. Vorderflügel weiß, mit 5 Längsreihen kleiner, schwarzer Punkte. Flugzeit VII-VIII.

Vorkommen: In Wäldern und offenem Gelände, vor allem an etwas feuchten Orten; überall häufig.

Wissenswertes: Die stets sehr gesellig lebenden Raupen entwickeln sich meist an der Traubenkirsche, gelegentlich auch an anderen *Prunus*-Arten. Sie überziehen dabei den Strauch mit einem dichten Gespinst, das fast an ein Leichentuch erinnert, zumal der Strauch nach einiger Zeit oft vollkommen kahlgefressen ist und dann wie eine Baumleiche wirkt (⇨ S. 10/11). Diejenigen Raupen, die zu diesem Zeitpunkt noch nicht ausgewachsen sind, verhungern, da sie in aller Regel in der Nachbarschaft keine geeignete weitere Futterpflanze finden; die übrigen verpuppen sich in eng aneinander gewobenen Kokons inmitten des Gespinsts. Wenn im Juli die neue Faltergeneration schlüpft, beginnt die Traubenkirsche bereits wieder auszutreiben und etwa 1 Monat später steht sie wieder in vollem Laub. Nur entlang des Stamms und der Zweige lassen herabhängende Gespinstreste auf den zurückliegenden Vorgang schließen.

Die Weibchen der Gespinstmotte legen ihre Eier an den Knospen der Traubenkirsche ab, wo sie überwintern. Im nächsten Frühjahr schlüpft dann die neue Raupengeneration und wenig später wiederholt sich das Geschehen aus dem Vorjahr. Allerdings kann der Befall stark schwanken, abhängig u.a. vom Witterungsverlauf.

Ähnlich: **Pflaumengespinstmotte** *Yponomeuta padella*, etwas kleiner als die oben beschriebene Art, mit nur 3 Punktreihen auf den Vorderflügeln. Ihre Raupen überziehen Schlehen, Weißdorn und verschiedene Obstbaumarten mit ihren Gespinsten. Diese sind aber weniger dicht gewebt als bei der Traubenkirschen-Gespinstmotte, sodass selbst bei Kahlfraß kein so auffälliges Bild entsteht.

SACKTRÄGER UND GESPINSTMOTTEN 19

Heidekraut-Wurzelbohrer
Phymatopus hecta FAM. WURZELBOHRER

Merkmale: Spannweite 22-36 mm. ♀ (im Foto oberes Tier) graubraun, ♂ (unteres Tier) rotbraun mit hellen Flecken. Flugzeit V-VII.
Vorkommen: An Wald- und Wegrändern sowie in Wiesen und Gärten; ziemlich häufig.
Wissenswertes: Die Falter besitzen verkümmerte Mundwerkzeuge und können daher keine Nahrung mehr aufnehmen. Die Männchen fliegen in der Abenddämmerung, oft zu mehreren dicht nebeneinander, in rastlosem Pendelflug vor Gebüschrändern auf und ab. Mit einem an den Hinterbeinen ausgestülpten pinselförmigen Duftorgan suchen sie paarungswillige Weibchen anzulocken. Gelegentlich wird dieses Duftorgan auch im Sitzen entfaltet. Zur Paarung lässt sich das Weibchen in der Nähe auf einer Pflanze nieder und wird dann vom Männchen angeflogen (Bild). Bei der Eiablage verstreut es seine weißen Eier am Boden. Die weißlichen Raupen entwickeln sich unterirdisch an Pflanzenwurzeln.

Großer Hopfen-Wurzelbohrer
Hepialus humuli FAM. WURZELBOHRER

Merkmale: Spannweite 40-70 mm. Geschlechter sehr unterschiedlich gefärbt und gezeichnet: ♂ mit einfarbig weißen, ♀ (Foto) mit gelbbraunen, rötlich gezeichneten Vorderflügeln. Flugzeit V-VIII. Raupe bis zu 5 cm lang, nur schwach behaart, weißlich gefärbt mit rotbraunem Kopf.
Vorkommen: Auf Wiesen und an Wegrändern, vor allem an etwas feuchten Stellen; überall häufig.
Wissenswertes: Die Männchen dieser Art führen ähnliche Pendelflüge aus wie die des Heidekraut-Wurzelbohrers. Die Raupen fressen an den Wurzeln sehr verschiedener Pflanzen, z.B. an Bärenklau, Pestwurz und Ampfer-Arten, aber auch an Hopfen, wo sie gelegentlich schon Schäden anrichteten. Die Verpuppung findet in einer mit Gespinst ausgekleideten Erdröhre statt.

Weidenbohrer
Cossus cossus FAMILIE HOLZBOHRER

Merkmale: Spannweite 65-80 mm. Flügel grau mit feinem, dunklem Linienmuster. Flugzeit V-VII.
Vorkommen: Vorwiegend in feuchten Wäldern, besonders an Gewässerufern, ziemlich häufig.
Wissenswertes: Trotz seiner beachtlichen Größe wird dieser Falter von den meisten Autoren zu den Kleinschmetterlingen gezählt. Er fliegt ausschließlich nachts. Sein Saugrüssel ist zurückgebildet, sodass der fertige Falter keine Nahrung mehr aufnehmen kann.
Die bis zu 10 cm lange, nahezu kahle Raupe des W. entwickelt sich im Lauf von 2 Jahren im Holz verschiedener Laubbäume, insbesondere aber von Weiden und Pappeln. Bei stärkerem Befall können die Fraßbäume, denen dann ein deutlicher Geruch nach Holzessig entströmt, kränkeln oder sogar absterben. Vor der Verpuppung nagt die Raupe einen Gang bis zur Stammoberfläche und verstopft diesen mit Spänen. Damit der Falter nach dem Schlüpfen aus dem Holz gelangen kann, schiebt sich die bewegliche, mit Dornenkränzen bewehrte Puppe etwa zur Hälfte ins Freie.

Blausieb
Zeuzera pyrina FAMILIE HOLZBOHRER

Merkmale: Spannweite 35-60 mm. Flügel weiß mit feinem, tief dunkelblauem Fleckenmuster. Flugzeit VI-IX.
Vorkommen: Vor allem in Wäldern, Gärten und parkartigem Gelände; nicht selten.
Wissenswertes: Der rein nachtaktive Falter ist ein typischer Kulturfolger, der jedoch selten zu beobachten ist, da er sich tagsüber strikt verborgen hält. Seine blass gelblich gefärbte Raupe entwickelt sich zweijährig im Holz der verschiedensten Laubbäume und Sträucher, insbesondere aber in Eschen, Buchen und Apfelbäumen. In letzteren richten die Raupen gelegentlich Schäden an, da sie vorzugsweise in dünneren Zweigen bohren und diese damit zum Absterben bringen. Besonders verheerend kann sich ein Befall auf Kulturen von Jungbäumen auswirken. In neuerer Zeit wurden die Raupen in manchen Gebieten häufig in Mistelzweigen gefunden. Auf diese Weise gelingt es dem Falter zunehmend, auch Kiefernwälder (mit den dort schmarotzenden Misteln) als Lebensraum zu nutzen.

WURZELBOHRER UND HOLZBOHRER 21

Hornissenglasflügler
Sesia apiformis FAMILIE GLASFLÜGLER

Merkmale: Spannweite 30-45 mm. Durch Gestalt und Färbung stark an eine Hornisse erinnernd. Flugzeit V-VIII. Raupe bleich.
Vorkommen: An Alleen und Waldrändern mit älteren Pappeln; recht häufig.
Wissenswertes: Der Eindruck, eine Hornisse vor sich zu haben, wird vom fliegenden Falter noch durch ein brummendes Fluggeräusch verstärkt. Die Vortäuschung von Gefährlichkeit – ein Phänomen, das man als Mimikry bezeichnet – stellt in erster Linie einen Schutz vor möglichen Fressfeinden, insbesondere vor Vögeln dar.
Die Raupe entwickelt sich zweijährig in den Stämmen von Pappeln, seltener von Weiden. Vor der Verpuppung treibt sie ihren Fraßgang bis zur Oberfläche vor und verschließt ihn mit Spänen. Zum Schlupf schiebt sich die Puppe aus dem Bohrloch.

Zypressenwolfsmilch-Glasfl.
Chamaesphecia empiformis GLASFLÜGLER

Merkmale: Spannweite 14-18 mm. Ziemlich kleiner Glasflügler mit etwas fleckiger, gelblicher Beschuppung am ganzen Körper und breit gefächertem, gelb-schwarzem Haarpinsel an der Hinterleibsspitze. Flugzeit V-VIII.
Vorkommen: In offenem, warmem Gelände; durchaus nicht selten.
Wissenswertes: Die Raupe entwickelt sich ausschließlich in der Zypressenwolfsmilch, und zwar meist nur eine Raupe pro Pflanze. Sie nagt sich einen Fraßgang im Wurzelstock. Befallene Pflanzen zeigen Kümmerwuchs und vergilben im Herbst früher als nicht befallene, sterben aber in der Regel nicht ab. Im Frühjahr findet etwa in Höhe des Wurzelhalses die Verpuppung statt. Vor dem Schlupf schiebt sich die Puppe etwas aus dem Fraßgang hervor.
Der im Sonnenschein recht aktive Falter ist öfters beim Blütenbesuch zu beobachten; er saugt nicht selten auch an der Futterpflanze seiner Raupe.

Kleiner Weidenglasflügler
Synanthedon formicaeformis GLASFLÜGLER

Merkmale: Spannweite rund 20 mm. Falter glänzend schwarz mit rotem Hinterleibsring; Flügel in Teilen durchsichtig, in Teilen blau schillernd und rot beschuppt. Flugzeit V-VIII.
Vorkommen: Insbesondere in Moorgebieten und an feuchten Waldrändern; gebietsweise ziemlich häufig.
Wissenswertes: Die Raupe des ansprechend gefärbten Falters entwickelt sich fast ausschließlich in Weidenzweigen, vor allem der Sal-Weide. Sie bevorzugt dabei solche Zweige, die bereits durch Käferlarven oder Pilze geschädigt sind und gallenartige Wucherungen aufweisen. In derartigen, nicht von den Raupen selbst hervorgerufenen Anschwellungen halten sich manchmal sogar mehrere der durchscheinend weißlichen Raupen auf. Sie verraten sich meist durch das braune Bohrmehl, das sie in ziemlicher Menge aus den Löchern am Ende ihrer Fraßgänge auswerfen und das auf den Zweiggallen liegen bleibt, wo es z.T. dicke Klumpen bildet. Die Verpuppung erfolgt jeweils am Ende der Fraßgänge.

Waldreben-Fensterschwärmerchen
Thyris fenestrella F.S.

Merkmale: Spannweite nur 12-15 mm. Glasartig durchsichtige Flecke in der Mitte der braun gemusterten Flügel. Flugzeit V-VIII in 1-2 Generationen. Raupe bräunlich.
Vorkommen: An sonnigen und warmen, meist etwas feuchten Waldrändern mit größeren Beständen der Waldrebe, besonders in Flussauen; nicht häufig, eher im S als im N von M.-EU.
Wissenswertes: Der ziemlich scheue, tagaktive Falter ist gelegentlich beim Blütenbesuch (etwa auf Doldenblütengewächsen) anzutreffen. Im Sitzen hält er seine Flügel in charakteristischer Weise schräg aufgestellt, wobei der Vorderrand der Vorderflügel leicht eingeknickt erscheint.
Die unangenehm nach Wanzen riechende Raupe entwickelt sich an den Blättern der Waldrebe, die sie zu ihrem Schutz wie eine Zigarre zusammenrollt (Zeichnung). Die Puppe überwintert in einem lockeren Gespinst. **(RL)**

GLASFLÜGLER UND FENSTERSCHWÄRMCHEN 23

Familie Spanner

Die meisten Spanner erinnern mit ihrem schmalen Körperbau sehr an Tagfalter, unterscheiden sich von diesen aber eindeutig durch ihre einfach fadenförmigen oder gekämmten, niemals aber am Ende keulenförmigen Fühler. Zu der recht artenreichen Nachtfalterfamilie (in Mitteleuropa kommen etwa 400 Vertreter vor) zählen aber auch eine ganze Reihe deutlich untersetzt gebauter Arten, wie etwa der rechts abgebildete Alpenspanner. Das Bild zeigt zudem ein bei Spannern nicht seltenes Phänomen: Beim Weibchen (linkes Tier) sind die Flügel bis auf winzige Reste zurückgebildet. Dies kann als Anpassung an die unwirtlichen Bedingungen des hochalpinen Lebensraums gedeutet werden, kommt aber auch bei einigen weit verbreiteten, überall häufigen Arten vor. Ein auffälliges Merkmal fast aller Arten dieser Familie ist die Gestalt ihrer Raupen: Diesen fehlen die vorderen Bauchbeine. Der beinfreie, wurmartige Körperabschnitt wird beim Kriechen immer wieder nach Art eines Katzenbuckels hochgebogen, bevor sich die Raupe nach vorn ausstreckt. Hierdurch entsteht eine charakteristische »spannerartige« Fortbewegung.

Weibchen (links) und Männchen des

lpenspanners

FAMILIE SPANNER 25

Großer Frostspanner *Erannis defoliaria* — FAMILIE SPANNER

Raupe in typischer Fortbewegung

Merkmale: Geschlechter sehr verschieden. Beim ♂ (Bild) Spannweite 30-40 mm, Vorderflügel ausgesprochen variabel gefärbt und gezeichnet, von einfarbig bräunlich bis gelblich oder hellbraun mit dunkleren, etwas gezackten Querbinden, fast immer aber mit einem dunklen Punkt nahe der Flügelmitte; beim ♀ Flügel zu winzigen, weniger als 1 mm langen Stummeln rückgebildet, Körper weißlich mit kontrastreicher dunkler Fleckung. Flugzeit IX-XII. Raupe gelb- bis rotbraun, unter der gewellten, dunklen Seitenlinie gelb mit braunen Flecken, die auch fehlen können.
Vorkommen: In Laubwäldern, Parkanlagen und Obstgärten; überall häufig.
Wissenswertes: Die Männchen fliegen regelmäßig, auch noch nach den ersten Nachtfrösten, mit Einbruch der Dämmerung und sind dann oft an Straßenlaternen zu beobachten. Die flugunfähigen Weibchen hingegen kriechen abends an Baumstämmen empor, um dort den Anflug der Geschlechtspartner zu erwarten. Die in Rindenritzen abgelegten Eier überwintern. Die Raupen entwickeln sich im Frühjahr an vielen verschiedenen Laubbäumen, vorzugsweise an Buchen und Eichen, doch auch an Obstbäumen und vielen anderen Laubhölzern. Bei gelegentlich auftretenden Massenvermehrungen können sie ganze Wälder entlauben und auch im Obstbau ziemliche Schäden anrichten.
Fühlen sich die Raupen gestört, lassen sie sich an einem Spinnfaden, der aus ihren in den Mundwerkzeugen mündenden Spinndrüsen abgegeben wird, zu Boden sinken. Sobald die Gefahr vorüber ist, klettern sie am gleichen Faden wieder empor, indem sie ihn mit den Brustbeinen zusammenraffen und auffressen. Die Verpuppung erfolgt im Juni in einem lockeren Gespinst am Boden. Die neuen Falter schlüpfen erst im Herbst.

Zweifleckiger Baumspanner *Peribatodes rhomboidaria* — F. SPANNER

Merkmale: Schwer von einigen verwandten Arten zu unterscheiden. Spannweite 30-38 mm. Flügel graubraun mit schwärzlichen, gezackten Querlinien, die am Vorderrand deutlich verbreitert sind. Fühler des ♂ (linkes Foto) fein gekämmt, die des ♀ einfach fadenförmig. Flugzeit V-X.
Raupe auffallend schmal und lang gestreckt, bis zu 40 mm lang, graubraun bis rotbraun gefärbt mit einer doppelten, dunklen Seitenlinie und oft helleren Fleckenzeichnungen, die am Rücken ein Rautenmuster bilden können.
Vorkommen: In lichten Laubwäldern und an Waldrändern, ebenso auf offenem Gelände und in Gärten; nicht selten.
Wissenswertes: In den meisten Gebieten bildet die Art nur eine Faltergeneration im Jahr, die von Juni bis August fliegt, in klimatisch günstigen Regionen aber zwei, die dann im Mai/Juni sowie von August bis Oktober auftreten. Die Raupe ist bei Populationen mit nur einer Jahresgeneration ab August zu finden. Sie ernährt sich von Blättern verschiedener Laubgehölze, etwa von Schlehen, Weißdorn, Flieder und Liguster, doch auch von verschiedenen niederen Pflanzen und überwintert halbwüchsig. Bei Beunruhigung hält sie sich nur mit ihren beiden letzten Beinpaaren an der Pflanze fest und lässt ihren schmalen Körper schräg abstehen. In dieser Haltung ist sie leicht mit einem dürren Zweig zu verwechseln.

> **Ähnlich: Großer Eichenspanner** *Boarmia roboraria*, deutlich größer (Spannweite 40-50 mm), weniger kontrastreich gezeichnete, graubraune Flügel. Die Raupe dieser weit verbreiteten, aber nicht häufigen Art entwickelt sich an Eichen und verschiedenen anderen Laubbäumen. Daneben gibt es noch weitere ähnlich gefärbte und gezeichnete Spanner.

SPANNER 27

Birkenspanner
Biston betularia   FAMILIE SPANNER

Merkmale: Spannweite 35-60 mm. Flügel auffallend schmal, weiß mit feinem, schwarzem Fleckenmuster, manchmal stark verdunkelt bis fast ganz schwarz. Flugzeit V-VII. Raupe bis 6 cm lang, ziemlich einfarbig braun oder grün mit zweispitzigem Kopf.
Vorkommen: In lichten Wäldern, an Wegrändern und in Mooren; ziemlich häufig.
Wissenswertes: Der tagsüber ruhende Falter ist auf Birkenrinde gut getarnt, die dunkle Färbungsvariante auf dunkler Baumrinde kaum zu erkennen. In Industriegebieten mit stark rußgeschwärzter Umgebung haben dunkle Exemplare nach dem Ausleseprinzip offenbar Vorteile gegenüber normal gefärbten Tieren, man spricht daher auch von »Industriemelanismus«. Die Raupe des B. lebt an vielen verschiedenen Laubbäumen.

Heidespanner
Ematurga atomaria   FAMILIE SPANNER

Merkmale: Spannweite 22-30 mm. ♂ (Bild) mit gelblicher Flügel-Grundfärbung, braunen, etwas gezackten Querbinden und feinen Stricheln sowie mit fein gefiederten Fühlern, ♀ mit weißlichen, ebenso gezeichneten Flügeln und einfach fadenförmigen Fühlern. Flugzeit IV-IX.
Vorkommen: Sowohl in trockenem wie auch in feuchtem, offenem Gelände; besonders auf Heideflächen, doch auch in Mooren; ziemlich häufig.
Wissenswertes: Die Falter sind tagaktiv und bei sonnigem, warmem Wetter ausgesprochen mobil. Sie fliegen in 2 Generationen jährlich, lediglich in klimatisch ungünstigen Lagen entwickeln sie nur 1 Generation. Die sehr variable, grün, graubraun oder gelb- bis dunkelbraun gefärbte, oft mit weißen Rückenflecken und dunklen Seitenbinden gezeichnete Raupe entwickelt sich an Heidekraut, Ginster und vielen verschiedenen krautigen Pflanzen. Sie verpuppt sich im Erdboden. Überwinterungsstadium ist die Puppe.

Stachelbeerspanner
Abraxas grossulariata   FAMILIE SPANNER

Merkmale: Spannweite 35-40 mm. Flügel weiß mit schwarzen, zu Querbinden angeordneten Punkten, Vorderflügel außerdem mit gelber Mittelbinde und gelbem Basalfleck. Flugzeit VI-VIII. Raupe mit ganz ähnlichem Färbungs- und Zeichnungsmuster wie der Falter.
Vorkommen: In feuchten Wäldern, vor allem in Auwäldern; ziemlich selten; früher auch in Gärten, hier aber fast überall verschwunden.
Wissenswertes: Die nachtaktive Raupe entwickelt sich vorzugsweise an Johannis- und Stachelbeersträuchern, daneben bzw. im Wald aber auch an Weißdorn, Schlehe und verschiedenen anderen Pflanzen. Sie überwintert halbwüchsig und verpuppt sich im Frühjahr in einem netzartigen Kokon an der Futterpflanze. Die Puppe ist kontrastreich hell-dunkel geringelt und dadurch ebenfalls recht auffällig. **(RL)**

Ulmen-Fleckenspanner
Abraxas sylvata   FAMILIE SPANNER

Merkmale: Spannweite 30-38 mm. Flügel weiß, Vorderflügel an der Basis und am Hinterrand jeweils mit einem rundlichen, braunen, gelb gezeichneten Fleck, außerdem mit verwaschenen, hellgrauen Zeichnungen; Hinterflügel ähnlich, doch ohne den Basalfleck. Flugzeit V-VIII. Raupe schlank, mit schmalen, schwarzen und gelben Längslinien.
Vorkommen: In feuchten Wäldern, besonders mit dichtem Unterwuchs aus Sträuchern und Kräutern; i. Allg. nicht selten, doch vielerorts stark zurückgegangen.
Wissenswertes: Der Falter setzt sich gern mit ausgebreiteten Flügeln auf Blättern ab. Dabei erinnert er durch seine Zeichnung an Vogelkot: eine Tarntracht. Die Raupe entwickelt sich an Ulmen, Buchen und einigen anderen Laubbäumen und verpuppt sich im Herbst am Waldboden in einer kleinen Höhle. Die Puppe überwintert. **§!**

SPANNER 29

Pappelspanner
Biston strataria FAMILIE SPANNER

Merkmale: Spannweite 40-50 mm. Ziemlich untersetzter Falter mit langen, schmalen Flügeln; Vorderflügel weißlich mit 2 rotbraunen Querbinden und dunkelgrauer Fleckung. Flugzeit III-V.
Vorkommen: An Wald- und Straßenrändern sowie in Parks und Gärten; nicht selten.
Wissenswertes: Die mit mehreren Höckern und Buckeln versehene, heller oder dunkler braun gefärbte Raupe erinnert sehr an einen abgestorbenen Zweig. Sie entwickelt sich an den unterschiedlichsten Laubbäumen und verpuppt sich im Sommer in der Erde. Die Puppe überwintert.

Riesengebirgsspanner
Psodos quadrifaria FAMILIE SPANNER

Merkmale: Spannweite 18-23 mm. Vorder- und Hinterflügel dunkelbraun, jeweils mit einer orangefarbenen Querbinde. Flugzeit VI-VIII.
Vorkommen: In der Krummholzzone und auf Hochgebirgswiesen in den Alpen, Sudeten und Karpaten; stellenweise ziemlich häufig.
Wissenswertes: Der tagaktive Falter ist sehr scheu und daher nicht leicht zu beobachten. Durch seine auffallende Flügelzeichnung unterscheidet er sich deutlich von einigen anderen, ebenfalls im Hochgebirge lebenden, aber einheitlich dunkel gefärbten *Psodos*-Arten. Die Raupe entwickelt sich an vielen verschiedenen Pflanzen.

Fleckenspanner
Pseudopanthera macularia F. SPANNER

Merkmale: Spannweite 23-28 mm. Flügel gelb mit braunen, violett schimmernden Flecken, die z.T. andeutungsweise zu Binden zusammenfließen. Flugzeit IV-VII.
Vorkommen: An Waldrändern und in offenem, trockenem Gelände; fast überall ziemlich häufig.
Wissenswertes: Der leicht kenntliche Falter ist auch tagsüber aktiv und regelmäßig beim Blütenbesuch zu beobachten. Die grüne, schlanke Raupe trägt eine dunkle Rückenlinie und helle Seitenlinien. Sie entwickelt sich vorzugsweise an verschiedenen Lippenblütengewächsen und verpuppt sich in einem mit Erde vermischten Gespinst. Die Puppe überwintert.

Alpenspanner
Lycia alpina FAMILIE SPANNER

Merkmale: Spannweite 30-35 mm. ♂ (Bild rechts) mit weißen, braun quergebänderten Flügel; ♀ (⇨ S. 24/25, linkes Tier) lediglich mit winzigen Flügelstummeln, untersetzt und dicht pelzig behaart. Flugzeit IV-VII. (Weiteres Foto S. 25)
Vorkommen: In den Alpen in offenem Gelände zwischen 1000 und 2500 m; stellenweise recht häufig.
Wissenswertes: Die flugunfähigen Weibchen laufen schon kurz nach der Schneeschmelze, oft zu mehreren, am Boden umher; dagegen sind die Männchen viel seltener zu sehen. Die grüne Raupe entwickelt sich an verschiedenen niedrigen Pflanzen. **(RL)**

Gitterspanner
Semiothisa clathrata FAMILIE SPANNER

Merkmale: Spannweite 20-25 mm. Flügel weiß oder gelblich, mit braunen Längsadern und Querlinien, sodass insgesamt ein Netzmuster entsteht. Flugzeit IV-VIII.
Vorkommen: An Waldrändern und in offenem Gelände; fast überall häufig.
Wissenswertes: Der unverwechselbare Falter fliegt jährlich in 2 Generationen. Die grüne, mit schmalen, weißen Rückenlinien und jederseits einer breiteren weißen Längsbinde gezeichnete Raupe entwickelt sich an Luzerne, Klee-Arten u.a. Schmetterlingsblütengewächsen. Sie verpuppt sich im Erdboden, wo die Puppe dann überwintert.

Espenspanner
Epione vespertaria FAMILIE SPANNER

Merkmale: Spannweite 25-30 mm. Flügel des ♂ (Bild) ockergelb mit schmaler, roter Bogenlinie, feinen, roten Querstricheln und einer sehr breiten, rotvioletten Saumbinde; beim ♀ Flügel mit blassgelber Grundfärbung. Flugzeit VI-VIII.
Vorkommen: In Moorwäldern, an Gewässerufern und in Mooren; überall selten.
Wissenswertes: Die braune, hell längsgestreifte Raupe trägt auf dem Rücken rötliche Rautenflecke und auf dem 6. Segment einen gelblichen Fleck. Sie entwickelt sich an Birken, Weiden, Zitterpappeln oder Haselsträuchern und verpuppt sich in einem Gespinst zwischen den Blättern. Überwinterungsstadium ist das Ei . **RL**

SPANNER 31

Weißdornspanner
Opistograptis luteolata FAM. SPANNER

Merkmale: Spannweite 32-37 mm. Vorderflügel schwefelgelb, am Vorderrand mit 4 kleinen, rotbraunen Flecken und 1 weiß gekernten Fleck. Flugzeit IV-VII. Raupe braun oder grün, mit roten Höckern auf mehreren Segmenten.
Vorkommen: In Wäldern und offenem Gelände; überall häufig.
Wissenswertes: Die Raupe entwickelt sich an Weißdorn, aber auch an verschiedenen anderen Sträuchern.

Streifenspanner
Plagodis dolabraria FAMILIE SPANNER

Merkmale: Spannweite 28-32 mm. Vorderflügel weißlich braun mit zahlreichen braunen Querstrichen, Hinterflügel weißlich mit violettem Fleck am hinteren Außenwinkel. Flugzeit IV-VII.
Vorkommen: In Laubwäldern, an warmen Hängen, aber auch in Gärten ziemlich häufig.
Wissenswertes: Gewöhnlich fliegt der Falter in 1 Generation jährlich, in Wärmegebieten kommt es aber oft noch zu einer zweiten. Die dunkelbraune Raupe trägt auf dem 8. Segment einen deutlichen Buckel und gleicht sehr einem toten Zweig. Sie entwickelt sich an Eichen, Birken oder Weiden.

Nachtschwalbenschwanz
Ourapteryx sambucaria FAM. SPANNER

Merkmale: Spannweite 40-50 mm. Flügel gelblich weiß, Vorderflügel mit 2, Hinterflügel mit 1 braunen Querlinie; Hinterflügel zudem mit spitzem Zipfel und kleinem Augenfleck. Flugzeit VII-VIII.
Vorkommen: An Waldrändern, in Gebüschen und in Gärten; überall ziemlich häufig.
Wissenswertes: Die bis zu 5 cm lange, auffallend schmale Raupe ist gelbgrün bis olivgrün gefärbt und ähnelt stark einem dürren Zweig. Sie entwickelt sich an verschiedenen Laubbäumen und Sträuchern und ist hier, wenn sie in schräg abgespreizter Haltung ruht, kaum zu entdecken. Sie überwintert und verpuppt sich am Zweig.

Schlehenspanner
Angerona prunaria FAMILIE SPANNER

Merkmale: Spannweite 35-45 mm. ♂ (Foto) mit orangefarbenen, dunkel gestrichelten Flügeln; ♀ heller. Flugzeit V-VIII. Raupe gelbbraun bis dunkelbraun, mit größeren und kleineren spitzen Höckern, die sie einem dürren Ästchen gleichen lassen.
Vorkommen: An Waldrändern und in Gärten; ziemlich häufig.
Wissenswertes: Die Raupe entwickelt sich an Schlehen und anderen Sträuchern, etwa Himbeere, Hasel oder Besenginster. Sie überwintert und verpuppt sich im Frühjahr.

Geißblattspanner
Crocallis elinguaria FAMILIE SPANNER

Merkmale: Spannweite 32-40 mm. Vorderflügel gelblich oder rötlich mit einer dunkleren, nach vorn zu verbreiterten Querbinde, in dieser ein schwarzer Punkt. Flugzeit V-VIII.
Vorkommen: In Wäldern, Mooren und auch in Gärten; im allgemeinen nicht selten.
Wissenswertes: Die hell graubraun bis dunkelbraun gefärbte Raupe trägt auf dem 11. Segment einen niedrigen Buckel. Sie ernährt sich von Schlehen, Geißblatt und einigen weiteren Sträuchern und Laubbäumen. Tagsüber ruht sie auf einem Zweig der Futterpflanze, nachts frisst sie an den Blättern. Die vom Falter im August abgelegten Eier überwintern.

Mondfleckspanner
Selenia tetralunaria FAMILIE SPANNER

Merkmale: Spannweite 30-38 mm. Flügel mit gezacktem Außenrand, in der Mitte mit rotbrauner Querbinde, darin jeweils ein halbmondförmiger Fleck. Flugzeit IV-VIII.
Vorkommen: In Wäldern und Gärten; in den meisten Gegenden nicht selten.
Wissenswertes: Der Falter fliegt in 2 Generationen pro Jahr. Er sitzt, anders als die meisten Spanner, immer mit schräg abgespreizten Flügeln. Bei der braunen Raupe ist das 3. Beinpaar wie eine Knospe angeschwollen. Außerdem trägt sie auf 4 Segmenten Rückenhöcker, sodass sie stark an einen trockenen Zweig erinnert. Sie lebt an verschiedenen Laubbäumen.

SPANNER 33

Höhlenspanner
Triphosa dubitata　　FAMILIE SPANNER

Merkmale: Spannweite 38-48 mm. Vorderflügel graubraun, meist stellenweise rosa und mit dunklen, gewellten Querbinden. Flugzeit VIII-V.
Vorkommen: An Waldrändern und Trockenhängen, auch in Gärten; im südlichen D stellenweise ziemlich häufig, im N selten.
Wissenswertes: Bei dieser Art überwintern die Falter. Im süddeutschen Bergland trifft man sie im Winter nicht selten in größeren Schlafgesellschaften in Höhlen an. Die grüne Raupe trägt gelbliche Längslinien und entwickelt sich an Kreuzdorn, Faulbaum u.a. Sträuchern. **(RL)**

Kleiner Frostspanner
Operophthera brumata　　FAM. SPANNER

Merkmale: Spannweite 22-28 mm. ♂ (im Bild rechtes Tier) mit hellbraunen, undeutlich gezeichneten Flügeln, ♀ (im Bild linkes Tier) mit winzigen Flügelstummeln. Flugzeit X-XII.
Vorkommen: In Wäldern und Gärten; häufig.
Wissenswertes: Das Weibchen klettert zur Paarung und Eiablage an einem Baumstamm empor. Die Raupe ist grün gefärbt und mit einer dunklen Rückenlinie sowie hellen seitlichen Streifen gezeichnet. Sie kann sich an vielen verschiedenen Laubbäumen entwickeln und richtet an Obstbäumen oft großen Schaden an.

Weidenröschen-Blattspanner
Ecliptopera silacea　　FAMILIE SPANNER

Merkmale: Spannweite 23-27 mm. Vorderflügel hellbraun mit dunklem Basalfleck und dunkler, weiß gesäumter Mittelbinde, diese am Außenrand zweimal spitz eingeschnitten. Flugzeit IV-VIII.
Vorkommen: In feuchten Wäldern und an Gewässerufern, daneben aber auch an offenen Stellen; nicht häufig.
Wissenswertes: Die Falter fliegen jährlich in 2 Generationen. Die schmale, grüne, mit einer unterbrochenen rötlichen Rückenlinie gezeichnete Raupe entwickelt sich an Weidenröschen, Hexenkraut und Springkraut. Überwinterungsstadium ist die Puppe.

Schwarzauge
Lampropteryx ocellata　　FAM. SPANNER

Merkmale: Spannweite 20-25 mm. Vorderflügel weiß, an der Basis mit blauschwarzem, stellenweise braunem Fleck, der eine hellere Zackenbinde einschließt, und einer ebenso gefärbten, breiten Querbinde. Flugzeit IV-IX.
Vorkommen: An Waldrändern und an Gewässerufern, aber auch auf Wiesen sowie in Parks und Gärten; ziemlich häufig.
Wissenswertes: Die Falter fliegen in 2 Generationen, die 2. ist aber meist unvollständig. Die oberseits dunkelbraune, mit hellen Winkelflecken gezeichnete Raupe entwickelt sich an Labkraut-Arten. Sie überwintert erwachsen bereits im Kokon.

Grüner Labkrautspanner
Calostigia pectinataria　　FAM. SPANNER

Merkmale: Spannweite rund 25 mm. Vorderflügel leuchtend grün, mit etwas dunklerem, von einer weißen Wellenlinie gesäumtem Basalfleck und einer ebensolchen Querbinde; am Rand von Basalfleck und Binde schwarze Flecke. Flugzeit V-X.
Vorkommen: In feuchten Wäldern, an Waldrändern, auf Lichtungen und Feuchtheiden; recht häufig.
Wissenswertes: In günstigen Jahren fliegt der G.L. teilweise in 2 Generationen, sonst nur in einer. Gelegentlich treten Farbvarianten mit gelber, rosafarbener oder weißer Grundfärbung auf. Die braune, am Rücken dunkel längsgestreifte Raupe entwickelt sich vorwiegend an Labkraut, aber auch an anderen Kräutern. Die Raupe überwintert.

Schwarzspanner
Odezia atrata　　FAMILIE SPANNER

Merkmale: Spannweite 23-27 mm. Flügel schwarz, metallisch glänzend, Vorderflügel mit schmalem, weißem Spitzenrand. Flugzeit V-VII.
Vorkommen: An Waldrändern, auf Feuchtwiesen, an Gewässerufern, aber auch auf trockenen Bergwiesen; in kühleren, feuchteren Gebieten recht häufig, in warm-trockenen Gegenden eher selten.
Wissenswertes: Der Falter ist tag- und nachtaktiv und tagsüber oft beim Blütenbesuch zu beobachten. Seine grüne, am Rücken mit dunklen Linien gezeichnete Raupe entwickelt sich an Doldenblütengewächsen wie Wiesenkerbel und Kälberkropf. Sie verpuppt sich am Boden in einem lockeren Gespinst. Das Ei überwintert.

Saumspanner
Lomaspilis marginata   FAMILIE SPANNER

Merkmale: Spannweite 20-25 mm. Flügel weiß mit braunschwarzer, an der Innenseite mehrfach ausgebuchteter und stellenweise unterbrochener Saumbinde, die lediglich am Hinterrand des Vorderflügels und am Vorderrand des Hinterflügels fehlt. Flugzeit IV-VIII.
Vorkommen: In feuchten Wäldern, an Waldrändern und in Mooren, aber auch in Gärten allgemein verbreitet und überall häufig.
Wissenswertes: Der Falter fliegt jährlich in 2 Generationen; die zweite ist aber meist unvollständig. Seine blaugrüne Raupe ist mit 4 dunkleren Rückenlinien und gelblich grünen Ringen an den Segmenteinschnitten gezeichnet. Sie entwickelt sich an Weiden, Pappeln und Haselsträuchern, frisst vorwiegend nachts und hält sich tagsüber unter den Blättern verborgen. Sie verpuppt sich am Boden. Überwinterungsstadium ist die Puppe. Diese kann gelegentlich überliegen, d.h., der Falter schlüpft erst 1 oder 2 Jahre später.

Ampferspanner
Calothysanis griseata   FAMILIE SPANNER

Merkmale: Spannweite 23-28 mm. Hinterflügel mit scharf vorspringender Ecke in der Mitte des Außenrands; Flügel gelblich grau mit weinrotem Außenrandsaum und ebensolcher schräger Querlinie, die sich bei geöffneten Flügeln ohne Unterbrechung vom Vorderauf den Hinterflügel fortsetzt. Flugzeit V-X. <u>Raupe</u> grau oder braun mit dunklen Winkelflecken, hinter dem Kopf etwas verdickt.
Vorkommen: In feuchten Wäldern, an Gewässerufern, auf Feuchtheiden, in Gärten; fast überall häufig.
Wissenswertes: Der Falter fliegt jährlich in 2 Generationen, manchmal auch noch in einer unvollständigen dritten. Die Raupe entwickelt sich vorzugsweise an Ampfer- und Knöterich-Arten. Sie überwintert und verpuppt sich dann im Frühjahr in einem lockeren Gespinst am Boden.

Grünes Blatt
Geometra papilionaria   FAMILIE SPANNER

Merkmale: Mit 40-50 mm Flügelspannweite ein auffallend großer Spanner. Flügel leuchtend hellgrün, mit 3 schmalen, etwas gezackten und z.T. in Flecke aufgelösten Querbinden gezeichnet. Flugzeit VI-VIII. <u>Raupe</u> hellgrün mit mehreren auffälligen rotbraunen Rückenhöckern.
Vorkommen: In feuchten Wäldern (v.a. Birkenwäldern), an Ufern, in Heidegebieten sowie in Parks und Gärten weit verbreitet, doch in den meisten Gegenden nicht häufig.
Wissenswertes: Die schöne Färbung frisch geschlüpfter Falter verblasst recht schnell und wird bald grau oder weißlich. Die Raupe entwickelt sich an verschiedenen Laubbäumen, v.a. an Birken. Sie überwintert halbwüchsig und verpuppt sich im Frühjahr am Boden in einem lockeren Gespinst. Es gibt mehrere ähnlich gefärbte und gezeichnete Arten, die aber alle viel kleiner sind als das G.B..

Großes Jungfernkind
Archiearis parthenias   FAMILIE SPANNER

Merkmale: Spannweite 30-40 mm. Im Aussehen stark an einen Eulenfalter erinnernd; Vorderflügel dunkelbraun, grau und weiß quergebändert, Hinterflügel gelborange mit dunkelbraunen Zeichnungen. Flugzeit III-IV. <u>Raupe</u> grün mit hellen Längsstreifen.
Vorkommen: In Birkenwäldern, Moor- und Heidegebieten, gelegentlich auch in Parks und Gärten; vorwiegend auf Sandböden; gebietsweise recht häufig.
Wissenswertes: Der Falter ist tagaktiv und bereits im zeitigen Frühjahr z.B. beim Besuch blühender Weidenkätzchen zu beobachten. Zum Sonnen lässt er sich gern an offenen Bodenstellen nieder. Seine Raupe besitzt wie die meisten Schmetterlingsraupen 8 Beinpaare, während bei den anderen Spannerraupen die vorderen 3 Bauchbeinpaare fehlen. Diese sind beim G.J. allerdings deutlich reduziert. Futterpflanze ist meist die Birke, nur selten die Buche. Die Puppe überwintert. §!

Familie Eulen

Die mit fast 600 heimischen Arten größte Schmetterlingsfamilie umfasst vorwiegend dunkel gefärbte, nachtaktive Falter, deren exakte Bestimmung nicht ganz einfach ist. Oft sind aber die in Ruhelage unter den dachförmig zusammengeklappten Vorderflügeln verborgenen Hinterflügel recht farbenprächtig. Alle Eulen besitzen hinten am Brustabschnitt ein besonderes, auf Ultraschallaute ansprechendes Hörorgan. Hiermit können die Tiere Orientierungsrufe der Fledermäuse registrieren, auf die sie spezielle Fluchtreaktionen zeigen. Gewöhnlich lassen sie sich abrupt fallen, sobald eine jagende Fledermaus näher kommt. Trotz ihrer meist geringen Körpergröße vollbringen manche Eulen-Arten erstaunliche Flugleistungen. So ist beispielsweise die hier gezeigte Gammaeule ein ausgesprochener Wanderfalter, der Strecken von über 1000 km bewältigen kann.
Die Raupen sind sehr vielgestaltig. Neben nackten, unscheinbar gefärbten Erdraupen, die an Wurzeln fressen, gibt es z.B. die überaus bunten und stark behaarten Larven der Haareulen, die mit zu den prächtigsten aller Schmetterlingsraupen gehören.

Gammaeule auf Klettenblüte

FAMILIE EULEN 39

Gammaeule
Autographa gamma   FAMILIE EULEN

Merkmale: Spannweite 35-40 mm. Vorderflügel braun mit heller »Gamma«-Zeichnung. Flugzeit V-X.
Vorkommen: An Wald- und Wegrändern sowie auf Kulturflächen; überall sehr häufig.
Wissenswertes: Die G. ist tag- und nachtaktiv. Sie fliegt als Wanderfalter alljährlich aus S-EU bei uns ein und bringt hier mehrere Nachfolgegenerationen hervor. Im Herbst wandern viele Falter wieder in den Süden zurück.
Die grüne Raupe entwickelt sich an den unterschiedlichsten Pflanzen. An Kulturpflanzen richtet sie gelegentlich Schäden an.

Messingeule
Diachrysia chrysitis   FAMILIE EULEN

Merkmale: Spannweite 28-35 mm. Vorderflügel braun mit zwei großen, grüngoldenen oder messingfarbenen Flecken, die oft durch einen schmalen Steg miteinander verbunden sind; am Rücken lange Haarbüschel aufragend. Flugzeit V-IX.
Vorkommen: An Waldrändern, auf Feuchtwiesen und in Gärten; fast überall ziemlich häufig.
Wissenswertes: Der Falter fliegt in den meisten Gegenden in 2 Generationen im Jahr. Die grüne, am Rücken oft weiß gezeichnete Raupe entwickelt sich vor allem an Brennnesseln und verschiedenen Lippenblütengewächsen. Sie verpuppt sich zwischen zusammengesponnenen Blättern.

Wiesenrauten-Goldeule
Lamprotes c-aureum   FAMILIE EULEN

Merkmale: Spannweite um 35 mm. Flügel dunkel braunviolett, in der Spitzenhälfte mit großen, goldenen Flecken. Flugzeit VI-VIII.
Vorkommen: In feuchten Wäldern und auf Feuchtwiesen; überall ziemlich selten.
Wissenswertes: Die weißlich grüne Raupe besitzt eine dunkelgrüne und weiße Rückenzeichnung und trägt auf dem Rücken mehrere Höcker. Sie entwickelt sich gewöhnlich an der Akeleiblättrigen Wiesenraute, seltener an anderen Wiesenrauten oder an Akelei. Meist ruht sie in stark gekrümmter Körperhaltung, wobei der Hinterleib wie bei Spannerraupen nach Art eines Katzenbuckels hochgezogen wird. RL, §!

Goldplättchen
Autographa bractea   FAMILIE EULEN

Merkmale: Spannweite 27-42 mm. Vorderflügel rotbraun mit hellem, intensiv goldglänzendem Fleck. Flugzeit VI-VIII.
Vorkommen: Auf Feuchtwiesen, in Auen, an Bach- und Flussufern sowie Waldrändern; besonders im Bergland nicht selten, neuerdings offenbar in Ausbreitung begriffen.
Wissenswertes: Die grüne Raupe entwickelt sich an sehr verschiedenen Kräutern und Sträuchern, zeigt aber eine besondere Vorliebe für Korbblütengewächse. Sie überwintert als Jungraupe. Der Falter fliegt jährlich meist nur in einer Generation.

Lungenkraut-Höckereule
Euchalcia modestoides   FAMILIE EULEN

Merkmale: Spannweite um 30 mm. Flügel graubraun mit weißen Linien und rötlicher Fleckenzeichnung. Flugzeit VI-VIII.
Vorkommen: In lichten Wäldern, an Waldrändern und auf Feuchtwiesen; vor allem im Bergland, aber überall ziemlich selten.
Wissenswertes: Die grüne Raupe entwickelt sich vorwiegend an Lungenkraut-Arten. Sie überwintert noch nicht ganz klein, wächst dann im zeitigen Frühjahr aber schnell heran. Zunächst spinnt sie ein Blatt zu einer Röhre zusammen, später hält sie sich frei auf der Blattoberseite auf. Sie verpuppt sich in einem zusammengerollten Blatt RL, §!

Eisenhut-Goldeule
Polychrysia moneta   FAMILIE EULEN

Merkmale: Spannweite 32-37 mm. Vorderflügel hellbraun mit heller, ringförmiger Makel und dunklen Wellenlinien. Flugzeit VI-IX.
Vorkommen: In Laub- und Nadelwäldern im süddeutschen Bergland und in den Alpen, bisweilen auch in Gärten; nicht häufig.
Wissenswertes: Die Falter fliegen offenbar jährlich in 2 Generationen, die aber zeitlich nicht klar voneinander getrennt sind. Die grüne, seitlich mit einem weißen Streifen gezeichnete Raupe entwickelt sich an Eisenhut-Arten, gelegentlich auch am Garten-Rittersporn. Sie versteckt sich tagsüber meist unter einem Blatt, dessen Zipfel sich nach Benagen zeltförmig herunterneigen. §!

EULEN 41

Rotes Ordensband *Catocala nupta*

FAMILIE EULEN

Merkmale: Spannweite 65-75 mm. Vorderflügel graubraun, innere und äußere Querlinie (s. Schemazeichnung) doppelt angelegt und hell, aber nicht besonders kontrastreich ausgefüllt, die äußere bildet ein »M« mit vergleichsweise runden Spitzen; Hinterflügel rot mit schwarzer Mittel- und Saumbinde, erstere wenig ausgezackt und bereits vor dem Flügelrand endend. Flugzeit VI-X. Raupe graubraun, etwas abgeflacht und am Seitenrand mit deutlichen Haarfransen, auf dem 8. Segment mit einem kleinen Höcker.

Vorkommen: In feuchten Wäldern und Gebüschen, an Ufern, auch in Parks und Gärten; nicht selten, in M.-EU häufigste Art der Ordensbänder.

Wissenswertes: Der Falter ist eigentlich nachtaktiv, schwärmt aber gelegentlich auch schon vor Eintritt der Dunkelheit oder sogar am frühen Nachmittag. Er saugt gern an überreifen oder bereits faulenden, noch an den Zweigen hängenden Früchten und lässt sich verhältnismäßig leicht mit speziellen Ködern (z.B. aus Zucker und Malzbier oder Rotwein) anlocken, geht dagegen weniger an künstliche Lichtquellen. Hin und wieder kann man ihn tagsüber an Hauswänden oder Fußgängerunterführungen ruhend vorfinden. Durch seine tarnfarbigen Vorderflügel ist er vor allem auf Baumrinde kaum zu entdecken. Bei Beunruhigung spreizt er seine Flügel auseinander und präsentiert unvermittelt die grellrot gefärbten Hinterflügel. Den damit verbundenen Überraschungseffekt kann er vermutlich oft zur Flucht nutzen. Die ebenfalls gut getarnte Raupe lebt an verschiedenen Weiden- und Pappel-Arten. §!

Eulenflügel (Schema): Ringmakel, Nierenmakel, äußere Querlinie, innere Querlinie, Wellenlinie, basale Querlinie, Saumende, Wurzelstrieme, Zapfenmakel, Mittelschatten, Pfeilfleck

Blaues Ordensband *Catocala fraxini*

FAMILIE EULEN

dunkler Querwulst

Merkmale: Mit 75-95 mm Flügelspannweite der größte heimische Eulenfalter; Vorderflügel heller oder dunkler grau, mit meist kontrastreicherer Querlinienzeichnung als beim Roten Ordensband, in der Mitte mit deutlich abgesetztem, hellem Fleck; Hinterflügel schwarz mit gleichmäßig gebogener, blauer Querbinde. Flugzeit VII-X. Raupe hellgrau, ähnlich der des Roten Ordensbands, doch auf dem 8. Segment mit einem dunklen Querwulst.

Vorkommen: In meist etwas feuchten Laub- und Mischwäldern, vor allem in Auwäldern, gelegentlich auch an Pappelalleen und in Gärten; Verbreitung von N-Schweden über fast ganz EU bis an den Pazifischen Ozean, fehlt weitgehend im südl. Mittelmeergebiet; in M.-EU nicht häufig und vielerorts in letzter Zeit deutlich zurückgegangen.

Wissenswertes: Der schöne und auffallende Falter variiert je nach Herkunft in der Färbung der Vorderflügel. Falter aus den nördlichen Teilen des Verbreitungsgebiets sind meist deutlich dunkler als diejenigen südlicher Herkunft.

Das B.O. fliegt bereits kurz nach Einbruch der Dunkelheit, geht häufiger als die übrigen Ordensbänder an künstliche Lichtquellen und wird daher des öfteren z.B. um Straßenlaternen fliegend beobachtet. Er saugt gern an überreifen Früchten oder an ausfließendem Saft verwundeter Eichen und lässt sich leicht mit Ködern anlocken. Die Eier werden an Baumrinde abgelegt, wo sie den Winter über liegen bleiben.

Die bis zu 8 cm lange Raupe entwickelt sich meist an Pappeln, seltener auch an Weiden, Birken und Erlen. In den Fresspausen schmiegt sie sich eng an einen Zweig oder in Vertiefungen der Baumrinde. Durch ihre abgeflachte Form und die fransenartige Behaarung ihrer Seitenränder verschmilzt sie dabei gleichsam mit ihrer Unterlage, weshalb sie nur äußerst schwer zu entdecken ist. Im Juni oder Juli verpuppt sie sich am Boden zwischen Moosen und trockenem Laub in einem lockeren Gespinst. **(RL)**, §!

EULEN 43

Weidenkarmin
Catocala electa — FAMILIE EULEN

Merkmale: Spannweite 60-70 mm. Ähnlich dem Roten Ordensband (➪ S. 42), doch Vorderflügel ziemlich gleichmäßig hellgrau mit scharf abgesetzten, dunklen Querlinien; die äußere Querlinie bildet ein spitz auslaufendes »M«; Hinterflügel mit schwarzer, deutlich geknickter Mittelbinde, die vor dem Flügelrand endet. Flugzeit VII-IX.

Vorkommen: In feuchten Wäldern und am Ufer von Gewässern, besonders in Wärmegebieten, gelegentlich aber auch im Siedlungsbereich; überall ziemlich selten und aus vielen Gegenden bereits völlig verschwunden.

Wissenswertes: Der Falter saugt wie die anderen Ordensbänder gern an überreifem Obst und fliegt manchmal künstliche Lichtquellen an. Seine hellgraue Raupe hat einen hellbraunen Kopf und trägt auf dem 8. Segment einen weißen, unten schwarz umringten, spitzen Höcker. Sie entwickelt sich an schmalblättrigen Weiden-Arten. Das an Baumrinde ablegte Ei überwintert. **RL, §!**

Großes Eichenkarmin
Catocala sponsa — FAMILIE EULEN

Merkmale: Spannweite 60-70 mm. Vorderflügel relativ dunkel, mit brauner Grundfärbung, Nierenmakel (➪ Schema S. 42) und Umgebung hell; Mittelbinde im Hinterflügel zweimal geknickt, bis zum Flügelrand reichend. Flugzeit VII-IX. Raupe hell rotbraun gefärbt mit einem stumpfen, weiß gefleckten Höcker auf dem 8. Segment.

Vorkommen: Besonders in feuchten bis trockenen Laub- und Mischwäldern warmer Lagen, auch in Parks und Gärten; mehr im südlichen D, doch auch dort nicht häufig.

Wissenswertes: Die Raupe entwickelt sich bei uns offenbar nur an Eichen. Das G.E. kommt oft zusammen mit dem Schwammspinner (➪ S. 82) vor. Gegen diesen gerichtete Bekämpfungsmaßnahmen schaden leider auch dem G.E. stark. **§!**

Gelbes Ordensband
Catocala fulminea — FAMILIE EULEN

Merkmale: Spannweite 45-72 mm. Vorderflügel sehr kontrastreich gezeichnet, an der Basis dunkelbraun, äußere Randbinde sehr scharf gezackt und ein lang zugespitztes »M« bildend; Hinterflügel gelb mit 2 schwarzen Binden, deren äußere durch gelbe Flecke unterbrochen ist. Flugzeit VI-VIII. Raupe braun, auf dem 8. Segment mit einem schmalen, rechtwinklig abstehenden Zapfen, dessen Länge ungefähr dem Körperquerschnitt entspricht.

Vorkommen: In lichten Wäldern, auf verbuschten Trockenrasen und in aufgelassenen Weinbergen, seltener auch im Siedlungsbereich; vorwiegend in Wärmegebieten, in M.-EU aber ziemlich selten, in mediterranen Ländern stellenweise häufiger.

Wissenswertes: Die Raupe entwickelt sich in M.-EU offenbar ausschließlich an Schlehen. Zum Ruhen schmiegt sie sich eng an einen Zweig. Die an der Rinde abgelegten Eier überwintern. **RL, §!**

Schwarzes Ordensband
Mormo maura — FAMILIE EULEN

Merkmale: Spannweite 55-65 mm. Vorderflügel meist dunkel, mit eckigem, dunkelbraun bis schwarz gefärbtem Mittelfeld; Hinterflügel dunkelbraun mit 2 schmalen, hellen Querbinden. Flugzeit VII-IX. Raupe graubraun mit helleren Schrägstreifen, Atemöffnungen orangefarben.

Vorkommen: An stehenden oder fließenden Gewässern, z.B. in Auwäldern und Erlengebüschen; nicht häufig.

Wissenswertes: Diese Eule gehört nicht zur unmittelbaren Verwandtschaft der *Catocala*-Arten und ihre Raupe hat nur wenig Ähnlichkeit mit denen der übrigen Ordensbänder. Tagsüber versteckt sie sich am Boden oder zwischen Kräutern, nachts klettert sie auf die Zweige ihrer Futterpflanzen, z.B. Pappeln, Weiden oder Ulmen. Die Überwinterung erfolgt als Jungraupe, die Verpuppung später in einem Gespinst am Boden oder zwischen Pflanzen. **(RL)**

EULEN 45

Braune Tageule
Euclidia glyphica FAMILIE EULEN

Merkmale: Spannweite 25-30 mm. Vorderflügel braun mit dunkleren Querbinden; Hinterflügel dunkelbraun mit gelber Zeichnung. Flugzeit V-VIII.
Vorkommen: Auf feuchtem wie trockenem Grasland; überall häufig.
Wissenswertes: Die B.T. gehört zu den wenigen tagaktiven Eulenfaltern. Sie legt ihre Eier grüppchenweise an verschiedene Schmetterlingsblütler, die Futterpflanzen der Raupen, ab, manchmal aber auch an Grashalme in deren Nähe. Die ausgesprochen schlanke Raupe ist gelblich gefärbt mit zahlreichen feinen, braunen Längsstreifen.

Ackerwinden-Bunteulchen
Emmelina trabealis FAMILIE EULEN

Merkmale: Mit nur 18-20 mm Spannweite ein besonders kleiner Eulenfalter. Vorderflügel gelblich weiß mit schwarzen Längsbinden und Punkten, Hinterflügel einfarbig weißgrau. Flugzeit V-VIII.
Vorkommen: An sonnigen, trockenen Wegrändern, auf Brachflächen und Trockenrasen; vorwiegend in Wärmegebieten, nicht häufig.
Wissenswertes: Die Falter sind tag- und nachtaktiv und fliegen offenbar in 2 Generationen pro Jahr. Die sehr schlanke, braune Raupe trägt breite, gelbweiße Seitenstreifen. Sie entwickelt sich an der Acker-Winde. Zur Verpuppung fertigt sie sich einen festen Kokon am Erdboden. **(RL)**

Buchen-Kahneule
Pseudoips prasinanus FAMILIE EULEN

Merkmale: Spannweite 30-35 mm. Vorderflügel kräftig hellgrün mit 2-3 weißen, oft undeutlichen Schrägstreifen; Hinterflügel beim ♂ gelb, beim ♀ weiß. Flugzeit V-VIII.
Vorkommen: In Laub- und Mischwäldern; ziemlich häufig.
Wissenswertes: In klimatisch günstigen Gebieten fliegen die Falter in 2 Generationen pro Jahr, in ungünstigeren nur in einer. Die grüne, mit feinen gelben Punkten gezeichnete Raupe entwickelt sich vorwiegend an Buchen, aber auch an verschiedenen anderen Laubbäumen und Sträuchern. Die Verpuppung erfolgt am Boden zwischen trockenen Blättern in einem gelblichen Kokon.

Scheck-Tageule
Callistege mi FAMILIE EULEN

Merkmale: Spannweite 25-30 mm. Vorderflügel grau, mit dunklerem, weißlich eingefasstem Binden- und Fleckenmuster; Hinterflügel dunkelbraun mit weißen oder gelblichen, z.T. in Einzelflecke aufgelösten Binden. Flugzeit V-VI.
Vorkommen: An Waldrändern und in offenem Gelände, z.B. auf Trockenrasen und Bergwiesen; in den meisten Gegenden ziemlich häufig.
Wissenswertes: Auch diese tagaktive Eule hat eine auffallend schmale Raupe. Diese ist braun mit hellem Seitenstreifen und entwickelt sich ebenfalls v.a. an Schmetterlingsblütlern.

Violett-Gelbeule
Xanthia togata FAMILIE EULEN

Merkmale: Spannweite 27-30 mm. Vorderflügel gelb mit braunviolettem Fleckenmuster; Hinterflügel weißlich. Flugzeit VIII-X.
Vorkommen: An Waldwegen, auf Feuchtwiesen und in Mooren; ziemlich häufig.
Wissenswertes: Die recht spät im Jahr fliegenden, nachtaktiven Falter legen ihre Eier meist an Weidenzweige ab. Die bräunlichen Raupen schlüpfen im zeitigen Frühjahr. Sie bohren sich zunächst in Weidenkätzchen und fallen nach der Blütezeit mit diesen zu Boden. Dort wechseln sie zu verschiedenen krautigen Pflanzen über. Schließlich verpuppen sie sich in einem Kokon am Erdboden.

Grüne Brombeer-Bandeule
Ophiusa tirhaca FAMILIE EULEN

Merkmale: Mit 65-70 mm Flügelspannweite eine auffallend große Eule. Vorderflügel leuchtend hellgrün mit dunkelbrauner Nierenmakel und ebenso gefärbter, breiter Binde am Flügelsaum; Hinterflügel gelb mit dunkler Querbinde. Flugzeit III-X.
Vorkommen: Vorwiegend in den Tropen und Subtropen von Afrika und Asien verbreitet, in EU im Mittelmeergebiet und sehr vereinzelt auch in den Südalpen (z.B. am Gardasee).
Wissenswertes: Die G.B. fliegt jährlich in 2 Generationen, die ohne zeitliche Trennung ineinander übergehen. Ihre rötlich graue, dunkler gezeichnete Raupe entwickelt sich an verschiedenen Sträuchern, z.B. an Zistrosen oder Pistazien.

EULEN 47

Schwarzes C
Xestia c-nigrum   FAMILIE EULEN

Merkmale: Spannweite 38-42 mm. Vorderflügel am Vorderrand mit dreieckiger gelblicher, schwarz umrahmter Zeichnung, die einem eckigen »C« gleicht. Flugzeit V-X. Raupe unscheinbar bräunlich.
Vorkommen: In offenem Gelände, auch im Siedlungsbereich; überall ziemlich häufig.
Wissenswertes: Der leicht kenntliche Falter fliegt in 2-3 Generationen pro Jahr. Seine Raupe entwickelt sich an vielen verschiedenen Pflanzen.

Flechteneule
Laspeyria flexula   FAMILIE EULEN

Merkmale: Spannweite 23-27 mm. Vorderflügel hellbraun mit 2 gelblichen, dunkel gesäumten Querlinien und sichelförmig ausgezogener Spitze, dadurch an einen Sichelflügler (⇨ S. 74) erinnernd. Flugzeit VII-VIII.
Vorkommen: In Laub- und Nadelwäldern, manchmal auch in offenem Gelände; überall ziemlich häufig.
Wissenswertes: Die bläulich grüne, schwarz und weißlich gescheckte Raupe lebt auf Bäumen und ernährt sich von Flechten. Durch ihre Zeichnung ist sie auf flechtenbewachsenen Zweigen hervorragend getarnt. Sie überwintert ziemlich klein und verpuppt sich im Frühjahr.

Zackeneule
Scoliopteryx libatrix   FAMILIE EULEN

Merkmale: Spannweite 40-45 mm. Vorderflügel mit gezacktem Außenrand, braun mit rosa Tönung und orangefarbener Zeichnung. Flugzeit ganzjährig.
Vorkommen: In Laubwäldern, besonders an etwas feuchten Stellen; fast überall häufig.
Wissenswertes: Die Art fliegt jährlich in 2 Generationen. Da die Falter sehr langlebig sind, gehen die Generationen ohne zeitliche Trennung ineinander über. Die im Spätsommer geschlüpften Tiere suchen zur Überwinterung gern feuchte Keller und Höhlen auf, wo man sie nicht selten in größeren Ansammlungen antrifft. Die grüne Raupe entwickelt sich meist an Weiden, daneben auch an Pappeln und Birken.

Achateule
Phlogophora meticulosa   FAMILIE EULEN

Merkmale: Spannweite 45-50 mm. Vorderflügel mit gezacktem Spitzenrand, in der Mitte mit dreieckiger Winkelzeichnung. Flugzeit ganzjährig. Raupe braun oder grün.
Vorkommen: An Waldrändern, in offenem Gelände und in Gärten; überall häufig.
Wissenswertes: Die Raupe entwickelt sich an vielen verschiedenen Kräutern und Gehölzen. Die Art überwintert als Raupe, doch im Siedlungsbereich treten oft auch im Winter Falter auf.

Vielzahn-Johanniskrauteule
Actinotia polyodon   FAMILIE EULEN

Merkmale: Spannweite 27-30 mm. Vorderflügel hellbraun mit gezähntem Außenrand, davor mit weißlicher, stark gezackter Bindenzeichnung. Flugzeit V-VIII.
Vorkommen: Auf sonnigen Waldlichtungen, an Waldrändern und in offenem, trockenem Gelände; nicht selten.
Wissenswertes: Die V. fliegt jährlich in 2 Generationen. Ihre rotbraune, mit einem gelben Seitenstreifen gezeichnete Raupe entwickelt sich am Tüpfel-Johanniskraut. Sie frisst vorzugsweise an dessen Blüten und Früchten und sitzt tagsüber meist frei am Stängel. Die Puppe überwintert.

Malachiteule
Stauropora celsia   FAMILIE EULEN

Merkmale: Spannweite 37-42 mm. Mit ihren leuchtend blaugrünen, mit brauner Querbinde und braunem Rand gezeichneten Vorderflügeln einer der schönsten und auffallendsten heimischen Eulenfalter. Flugzeit IX-X.
Vorkommen: In lichten Kiefernwäldern und auf Heideflächen; nur im östlichen M.-EU und in einigen Südalpentälern, überall ziemlich selten.
Wissenswertes: Die unverwechselbare, erst ausgesprochen spät im Jahr fliegende M. legt ihre Eier an Gräsern ab, wo sie überwintern. Die weißliche, dunkel gepunktete Raupe entwickelt sich an den Graswurzeln und verpuppt sich im Spätsommer in einem lockeren Gespinst. §!

EULEN 49

Brauner Mönch *Cucullia verbasci*

FAMILIE EULEN

Merkmale: Spannweite 45-50 mm. Auf dem Bruststück kapuzenartiger, heller Haarschopf, der den Kopf nach vorn überragt; Vorderflügel mit hellem Mittelfeld, am Vorder- und Hinterrand rötlich braun. Flugzeit IV-V. Raupe weißlich grau, mit gelbem und schwarzem Fleckenmuster.
Vorkommen: In sehr verschiedenen Lebensräumen, z.B. an Wald- und Wegrändern, in Kiesgruben, auf Trockenrasen und an Bahndämmen; in den meisten Gegenden ziemlich häufig, häufigste Art der Gattung.
Wissenswertes: Der nachtaktive Falter setzt sich gern an dürre Pflanzenstängel und ist dort durch Gestalt und Färbung hervorragend getarnt. Die sehr auffallenden Raupen entwickeln sich meist an Königskerzen, daneben auch an Braunwurz-Arten. Sie sitzen tagsüber frei auf den Pflanzen und verpuppen sich am Boden in einem festen, braunen Kokon. Die Puppe überwintert. §!
Ähnlich: Der seltenere **Braunwurzmönch** *Cucullia scrophulariae* hat statt einen rotbrauneneinen mehr grau beschuppten Flügelvorderrand. Seine Raupe sieht der des B.M. sehr ähnlich, weist aber eine etwas gröbere Zeichnung auf und entwickel sich meist an Braunwurz-Arten, seltener auch an Königskerzen. §!

Weißdorneule
Allophyes oxyacanthae   FAMILIE EULEN

Merkmale: Spannweite 35-45 mm. Vorderflügel dunkelbraun mit heller Ring- und Nierenmakel und hellem Spitzensaum. Flugzeit IX-X.
Vorkommen: Vor allem an Waldrändern, Gebüschen und Heckenstreifen; in den meisten Gegenden ziemlich häufig.
Wissenswertes: Die braunen bis fast schwarzen Raupen entwickeln sich vorwiegend an Schlehen, aber auch an anderen holzigen Rosengewächsen wie Weißdorn und verschiedenen Obstbäumen. Mit ihrer etwas abgeflachten Körperform sind sie hervorragend getarnt, wenn sie eng an Zweige geschmiegt ruhen. Die Eier überwintern.

Klosterfrau
Panthea coenobita   FAMILIE EULEN

Merkmale: Spannweite 40-50 mm. Vorderflügel und Körper weiß mit kontrastreich abgesetzter, schwarzer Flecken- und Bindenzeichnung; Hinterflügel fast einfarbig grau. Flugzeit V-VIII.
Vorkommen: In Wäldern, vorwiegend Fichtenwäldern; früher ziemlich selten, doch durch Fichtenanpflanzungen inzwischen weit verbreitet.
Wissenswertes: Die Entwicklung findet meist an Fichten, selten an anderen Nadelbäumen statt. Die Eier werden ringförmig an Fichtennadeln geheftet. Die rot-schwarz gefärbte, mit schwarzen und weißen Borstenbüscheln behaarte Raupe verpuppt sich am Zweig in einem festen, braunen Kokon. Überwinterungsstadium ist die Puppe.

Gelbe Bandeule
Noctua fimbriata   FAMILIE EULEN

Merkmale: Spannweite 45-55 mm. Vorderflügel heller oder dunkler braun, aber immer mit hellerer Binde vor dem Außenrand; Hinterflügel gelb, mit breiter, schwarzer Binde. Flugzeit VI-IX.
Vorkommen: An Waldrändern und in offenem Gelände; überall häufig.
Wissenswertes: Die grünliche, seitlich mit schwarzen Punkten gezeichnete Raupe kann sich an vielen verschiedenen Pflanzen entwickeln.
Ähnlich: Die ebenfalls recht häufige **Hausmutter** *Noctua pronuba* hat fast einfarbig braune Vorderflügel und eine schmale schwarze Binde im gelben Hinterflügel.

Forleule
Panolis flammea   FAMILIE EULEN

Merkmale: Spannweite 30-33 mm. Sehr variabel gefärbt, Vorderflügel hell gelbrot bis leuchtend rot oder weißlich grau, mit grünlichen Zeichnungen und heller Ring- und Nierenmakel. Flugzeit III-VI.
Vorkommen: In Kiefernwäldern und an anderen Kiefernstandorten meist nicht selten.
Wissenswertes: Die oft schon sehr früh im Jahr fliegenden Falter saugen gern an blühenden Weiden. Die grüne, mit weißen Längsstreifen gezeichnete Raupe entwickelt sich meist an Kiefern, seltener an Fichten oder Weißtannen. Sie verpuppt sich am Boden. Gelegentlich kann es zur Massenentwicklung und entsprechender Schädigung in Kiefernkulturen kommen.

EULEN 51

Pfeileule *Acronicta psi*

FAMILIE EULEN

Merkmale: Spannweite 30-40 mm. Vorderflügel hellgrau bis hell bräunlich, mit mehreren schwarzen, z.T. pfeilförmigen Längsstrichen. Flugzeit V-VIII. Raupe sehr bunt, mit grauer, rot gepunkteter Seitenbinde und gelbem Rückenband, auf dem 4. Segment mit langem, schwärzlichem, kaum behaartem Zapfen.
Vorkommen: In Wäldern und Gebüschen, auch auf Streuobstwiesen und in Gärten allgemein verbreitet und fast überall häufig.
Wissenswertes: Die nachtaktiven Falter fliegen oft künstliche Lichtquellen an und sind tagsüber häufig unter Lampen oder an Baumstämmen sitzend zu finden. Sie treten jährlich in 2 Generationen auf. Die tagaktiven Raupen sind aufgrund ihrer auffallenden Färbung ziemlich leicht an ihren Futterpflanzen, verschiedenen Laubbäumen und Sträuchern, zu entdecken. Auch bei größeren Bäumen bevorzugen sie offenbar die tieferen Bereiche der Krone. Überwinterungsstadium ist die Puppe.
Ähnlich: Die seltenere **Dreizack-Pfeileule** *Acronicta tridens* ist als Falter nur durch eine Genitaluntersuchung sicher zu unterscheiden. Ihre Raupe besitzt aber einen viel niedrigeren, stark behaarten Zapfen auf dem 4. Segment. **(RL)**

Ahorneule *Acronicta aceris*

FAMILIE EULEN

Abwehrhaltung

Merkmale: Spannweite 35-45 mm. Vorderflügel hellgrau mit nicht sehr deutlichen, dunkleren Zackenbinden. Flugzeit V-VIII. Raupe graubraun mit rautenförmigen schwarz-weißen Rückenflecken, dicht mit leuchtend gelben, im vorderen Rückenabschnitt auch roten Borstenbüscheln besetzt.
Vorkommen: Vor allem in eichen- und ahornreichen Laubwäldern, aber z.B. auch an Alleen, in Parkanlagen und Gärten; insgesamt nicht selten, doch gebietsweise deutlich zurückgegangen.
Wissenswertes: Die nachtaktiven Falter fliegen wie die Pfeileule gern ans Licht und sind tagsüber an Baumstämmen zu finden. Auch bei dieser Art steht die Auffälligkeit der prächtigen Raupe in krassem Gegensatz zum unscheinbaren Erscheinungsbild des fertigen Schmetterlings.
Die Raupe entwickelt sich vorzugsweise an Eichen, Ahorn und Rosskastanien, daneben auch an einigen weiteren Laubhölzern. Bei Bedrohung krümmt sie sich zu einer engen Spirale zusammen, wobei die pinselartigen Borstenbüschel sternförmig nach außen abstehen. Durch die starke Behaarung dürfte sie für die meisten Verfolger ungenießbar sein. Die Puppe überwintert.

Erleneule *Acronicta alni*

FAMILIE EULEN

Merkmale: Spannweite 33-38 mm. Vorderflügel heller oder dunkler grau mit kontrastreich abgesetztem, schwarzem Hinterrand und ebensolcher Querbinde. Flugzeit V-VI. Raupe im letzten Stadium schwarz mit breiten, gelben Querbinden auf dem Rücken der Segmente und jeweils einem schwarzen, spatelförmig verbreiterten Borstenpaar.
Vorkommen: Vorwiegend in nicht zu trockenen Laubwäldern (besonders in Auwäldern), auch in Parkanlagen und Gärten; in den meisten Gegenden nicht selten.
Wissenswertes: Bei dieser unverwechselbaren Art verändert sich das Aussehen der Raupe im Lauf ihrer Entwicklung ganz erheblich. In den ersten Stadien ist der vordere Körperabschnitt schmutzig grünlich braun gefärbt, die letzten Segmente dagegen weiß (Zeichnung). In der Ruhe biegen die Tiere ihren Vorderkörper hakenförmig zurück und imitieren so auf verblüffende Weise ein Stück Vogelkot. Erst im letzten Stadium bekommen sie die im Foto gezeigte sehr auffällige Färbung, möglicherweise eine Warntracht; ihre typische Ruhehaltung behalten sie aber bei. Die Falter fliegen meist in 1, gelegentlich auch in einer unvollständigen 2. Generation. Wie bei den übrigen *Acronicta*-Arten überwintert die Puppe.

EULEN 53

Familie Schwärmer

Die eleganten, z.T. auffallend großen Falter dieser Familie sind in Europa mit etwa 30 meist nachtaktiven Arten vertreten. Sie geben sich durch ihre stromlinienförmige Gestalt und die schmale Flügelform als ausgezeichnete Flieger zu erkennen. Die Überwindung großer Distanzen stellt für sie kein Problem dar. Daher kann es nicht überraschen, dass es unter den Schwärmern besonders viele Wanderfalter gibt, die sogar weit entlegene Inseln erobert haben.

Oft besitzen Schwärmer einen sehr langen Saugrüssel, der manchmal die Körperlänge deutlich übertreffen kann. Zur Nektaraufnahme setzen sie sich nicht ab, sondern gehen im Schwirrflug von Blüte zu Blüte. Hierbei erinnern sie an tropische Kolibris, und nicht selten kommt es beim Anblick etwa des Taubenschwänzchens (Bild) zu einer derartigen Verwechslung. Schwärmerraupen sind in vielen Fällen sehr bunt gefärbt und besitzen eine auffallend glatte, nackte Körperoberfläche. In der Mehrzahl sind sie an einem langen, gebogenen Horn am Hinterende leicht zu erkennen. Bei einigen Arten ist dieses Horn allerdings mehr oder weniger stark zurückgebildet.

Taubenschwänzchen im Schwirrflug

Totenkopfschwärmer *Acherontia atropos* — FAMILIE SCHWÄRMER

Merkmale: Spannweite 80-120 mm. Vorderflügel schiefergrau mit weißlichen Flecken und dunklen Zackenbinden, Hinterflügel gelb mit 2 dunkelbraunen Querbinden; auf der Oberseite des Bruststücks eine totenkopfähnliche Zeichnung. Flugzeit V-X. Raupe fingerdick, bis 13 cm lang, braun, grün oder gelb mit blauen Schrägstreifen an den Seiten und Horn am Ende.

Vorkommen: Vorwiegend auf Kartoffeläckern und in der Nähe von Bienenstöcken; jahrweise in sehr unterschiedlicher Häufigkeit.

Wissenswertes: Der auffallende Falter ist bei uns nicht heimisch, sondern fliegt als typischer Wanderfalter fast alljährlich, aber nur selten in größerer Zahl, aus seinen nordafrikanischen Ursprungsgebieten zunächst über das Mittelmeer und anschließend über die Alpen hinweg nach Mitteleuropa. Einigen Faltern gelingt unter besonders günstigen Wetterbedingungen sogar die Wanderung bis nach Skandinavien, wo schon einzelne Exemplare auf Höhe des Polarkreises gesichtet wurden.

Obwohl der Rüssel des T. nur etwa 5 mm Länge erreicht, eignet er sich durchaus zur Nahrungsaufnahme. Der Falter sticht damit z.B. reife Früchte an. Nicht selten dringt er auch in Bienenstöcke ein und macht sich über den in den Waben gespeicherten Honig her. Dabei wird er aber meist von den Bienen überwältigt und getötet.

Die eindrucksvolle Raupe entwickelt sich bei uns am häufigsten an Kartoffelkraut. Im Spätsommer gräbt sie sich in den Boden ein und verpuppt sich dort in einer ovalen Höhle. Im Lauf des Winters geht die Puppe aber stets zugrunde, da sie die niedrigen Temperaturen nicht übersteht. Die Wanderung des Falters nach Norden erweist sich damit als eine Sackgasse für die Ausbreitung der Art.

Ligusterschwärmer *Sphinx ligustri* — FAMILIE SCHWÄRMER

Merkmale: Spannweite 90-120 mm. Vorderflügel rötlich braun mit breitem, schwarzbraunem Längsstreifen, der zur Flügelspitze schmal ausläuft; Hinterflügel rosa mit 3 schwarzen Binden. Flugzeit V-VIII. Raupe leuchtend grün mit hellerem Rücken, seitlich mit purpurroten und weißen Schrägstreifen; am Körperende ein gelbes Horn mit schwarzer Spitze.

Vorkommen: Am häufigsten im Siedlungsbereich in Gärten und Parks, seltener in natürlichen Lebensräumen, z.B. in Auwäldern; vorwiegend in klimatisch begünstigten Gebieten, doch auch dort in den letzten Jahren vielerorts stark zurückgegangen.

Wissenswertes: Der auffallend große Falter ist hauptsächlich nachtaktiv, fliegt aber bisweilen schon bei einsetzender Dämmerung. Er taucht im Flug seinen langen Rüssel in Blütenkelche und tankt Nektar, ohne sich auf den Pflanzen niederzusetzen.

Die Raupe entwickelt sich an verschiedenen Ölbaumgewächsen, außer am Liguster, der bei weitem häufigsten Futterpflanze, auch an Esche, Flieder und Forsythie. Eigenartigerweise wird sie in letzter Zeit des öfteren auch an Spiersträuchern gefunden, die als Rosengewächse einer ganz anderen Pflanzenfamilie angehören. Die helle Rückenfärbung der Raupe ist ein typisches Beispiel für die sog. Gegenschattierung. Weil das Tier meist an der Unterseite eines Zweigs sitzt, fällt ein Schatten auf seinen Rücken. Dieser ist an sich zwar heller gefärbt als der Bauch, was durch die Schattierung aber ausgeglichen wird, sodass die Raupe an Bauch- und Rückenseite gleich hell erscheint. Damit verliert sie für den Betrachter die Rundheit ihres Körpers und wird nicht mehr plastisch als Raupe wahrgenommen. Bei Bedrohung hebt sie ihren Vorderkörper an und nimmt die typische »Sphinx«-Haltung ein (Foto rechts). Sie verpuppt sich in einer Erdhöhle, in der die Puppe sodann überwintert. §!

56 *SCHWÄRMER*

SCHWÄRMER 57

Windenschwärmer
Herse convolvuli FAMILIE SCHWÄRMER

Merkmale: Spannweite 80-120 mm. Hinterkörper ähnlich wie beim Ligusterschwärmer (⇨ S.56) mit roten und schwarzen Querbinden; Vorderflügel aber graubraun mit feinen, dunkleren Strichen und Flecken; Rüssel deutlich länger als Körper. Flugzeit VI-X. Raupe braun oder grün gefärbt mit hellen und dunklen Schrägstreifen.
Vorkommen: Vorwiegend auf Äckern und im Siedlungsbereich; jahrweise ziemlich häufig.
Wissenswertes: Der W. gehört wie der Totenkopfschwärmer (⇨ S.56) zu den Wanderfaltern. Seine Raupe entwickelt sich bei uns an der Acker-Winde. Die Puppe weist eine sehr lange, bogenförmig abstehende Rüsselscheide auf.

Kiefernschwärmer
Hyloicus pinastri FAMILIE SCHWÄRMER

Merkmale: Spannweite 65-80 mm. Vorderflügel graubraun mit einigen dunklen Strichen; Brustabschnitt seitlich mit 2 schwarzen Längsbinden. Flugzeit V-VIII. Raupe grün oder bräunlich mit feiner, schwarzer Ringelung und weißlichen Längsstreifen.
Vorkommen: Vor allem in Nadelwäldern, doch auch in Parks und Gärten; fast überall häufig, besonders in Gebieten mit sandigem Boden.
Wissenswertes: Zumindest in klimatisch begünstigten Gegenden bildet die Art 2 Generationen pro Jahr aus. Die Raupe entwickelt sich an Kiefern, Fichten und einigen anderen Nadelbäumen. Sie verpuppt sich in der Nadelstreu am Boden, wo die Puppe den Winter über liegen bleibt.

Abendpfauenauge
Smerinthus ocellata FAM. SCHWÄRMER

Merkmale: Spannweite 70-80 mm. Vorderflügel grau mit größeren, dunklen Flecken; Hinterflügel innen rosa, außen gelb, dazwischen ein schwarzer, blau und schwarz umringter Augenfleck. Flugzeit V-VIII. Raupe grün mit gelblichen Schrägstreifen.
Vorkommen: In feuchten Wäldern und am Ufer von Gewässern, daneben auch in Gärten; fast überall ziemlich häufig.
Wissenswertes: Der Falter besitzt einen verkümmerten Rüssel und kann daher keine Nahrung aufnehmen. Bei Beunruhigung öffnet er ruckartig seine normalerweise geschlossenen Vorderflügel und präsentiert zur Abschreckung die bunten Hinterflügel mit den bedrohlich wirkenden Augenflecken. Die Raupe lebt meist an Weiden und Pappeln, frisst gelegentlich aber auch an Obstgehölzen. §!

Lindenschwärmer
Mimas tiliae FAMILIE SCHWÄRMER

Merkmale: Spannweite 55-70 mm. Vorderflügel am Außenrand mehrfach tief eingebuchtet, grünlich oder hellbraun mit breiter, dunkler Querbinde. Flugzeit IV-VIII.
Vorkommen: In Laubwäldern, an Alleen und im Siedlungsbereich; im Allgemeinen nicht selten.
Wissenswertes: Die Raupe ähnelt der des Abendpfauenauges, hat aber ein blaues, unterseits rotes Horn und oft rote Seitenflecke. Sie entwickelt sich an Linden, daneben auch an einigen anderen Laubbäumen.

Ähnlich: Der gleichfalls ziemlich häufige **Pappelschwärmer** *Laothoe populi* ist etwas größer und hat weniger kontrastreich gezeichnete Flügel; im Sitzen schiebt er typischerweise seine Hinterflügel seitlich unter den langen Vorderflügeln hervor.

SCHWÄRMER 59

Wolfsmilchschwärmer *Hyles euphorbiae* — FAMILIE SCHWÄRMER

Merkmale: Spannweite 55-75 mm. Vorderflügel hellbraun, in der hinteren Hälfte mit dunkelbrauner, nach außen zu verschmälerter Binde, davor mit 3-4 dunklen Flecken; Hinterflügel rosa mit schwarzer Bindenzeichnung. Flugzeit V-IX. Raupe sehr bunt, rot und gelb mit schwarzen Binden und weißen Punkten.
Vorkommen: An warmen, offenen Stellen, z.B. auf Sandtrockenrasen und kurzrasigen Schafweiden; in M.-EU vor allem in Wärmegebieten, in S-EU allgemein verbreitet und meist häufig.
Wissenswertes: Die Raupe entwickelt sich an verschiedenen Wolfsmilch-Arten, am häufigsten an der Zypressen-Wolfsmilch. Beim Fressen der Blätter nimmt sie das in dieser Pflanze enthaltene Gift auf und wird ihrerseits giftig. Ihre grell bunte Färbung soll mögliche Fressfeinde, etwa Vögel, aber auch Tiere, die sie unbeabsichtigt mit der Nahrung verschlucken könnten, beispielsweise Schafe, auf diesen besonderen Schutz hinweisen. Die Signalfärbung sorgt dafür, dass sich ein Verfolger, nachdem er einmal eine schlechte Erfahrung mit dieser Raupe gesammelt hat, deren unangenehme Eigenschaften besser einprägen kann. Auch der Falter enthält noch das Gift. Bei einer Störung, etwa wenn man ihn kurz mit dem Finger antippt, nimmt er eine auffallende Schreckhaltung ein, indem er plötzlich seine Vorderflügel auseinander spreizt und dadurch die grell gefärbten Hinterflügel präsentiert. Dieser Reaktion dürfte die gleiche Bedeutung wie der bunten Färbung der Raupe zukommen.
Die ovalen, hellgrünen Eier werden in kleinen Gruppen an der Futterpflanze abgelegt. Anfangs leben die Jungraupen noch dicht beieinander, mit zunehmender Größe aber vereinzeln sie sich. Die Puppe überwintert in einer Erdhöhle. **(RL), §!**

Labkrautschwärmer
Hyles galii — FAMILIE SCHWÄRMER

Merkmale: Spannweite 60-80 mm. Sehr ähnlich dem Wolfsmilchschwärmer, jedoch am Vorderrand der Vorderflügel mit einer zusammenhängenden, dunkelbraunen Binde, die nach hinten mehrfach gebuchtet ist. Flugzeit V-IX. Raupe zunächst grün, nach der letzten Häutung hellbraun bis tiefschwarz mit einer Reihe runder, weißlicher Seitenflecke.
Vorkommen: Gern an offenen Stellen mit Pioniervegetation, z.B. auf Kahlschlägen oder an Straßenrändern, auch auf Trockenrasen und Bergwiesen; in M.-EU nur sporadisch.
Wissenswertes: Während die Falter recht selten zu beobachten sind, werden die Raupen manchmal in größerer Anzahl gefunden. Sie entwickeln sich an verschiedenen Weidenröschen- und Labkraut-Arten. **RL, §!**

Linienschwärmer
Hyles livornica — FAMILIE SCHWÄRMER

Merkmale: Spannweite 60-80 mm. Ebenfalls dem Wolfsmilchschwärmer recht ähnlich, doch Vorderflügel durch weiße Flügeladern deutlich hell gestreift. Flugzeit V-IX. Raupe grün, bräunlich oder schwarz gefärbt mit hellen Längsstreifen und gelben bis rötlichen Seitenflecken.
Vorkommen: In Afrika und Asien heimisch; in EU nur an den Mittelmeerküsten, auf einigen Mittelmeerinseln sowie den Kanaren beständige Populationen.
Wissenswertes: Der L. fliegt als typischer Wanderfalter gelegentlich über die Alpen hinweg nach M.-EU ein. Seine Raupe vermag sich an vielerlei Pflanzen zu entwickeln (z.B. an Weinreben, Weidenröschen, Labkraut, Löwenzahn oder Sauerampfer), verträgt aber keinen Wechsel der Futterpflanzenart. In günstigen Jahren kann es bei uns zu einer Nachfolgegeneration kommen, die jedoch meist steril bleibt. **§!**

SCHWÄRMER 61

Mittlerer Weinschwärmer *Deilephila elpenor* FAMILIE SCHWÄRMER

Merkmale: Spannweite 45-60 mm. Körperoberseite und Vorderflügel bräunlich olivgrün mit rosa bis violett gefärbten Längsstreifen; Bauchseite und Hinterflügel kräftig rosa mit schwarzem Vorderrand. Flugzeit V-VIII. Raupe grün, braun oder schwärzlich mit je 2 nierenförmigen Augenflecken auf den beiden vorderen Hinterleibssegmenten; Horn kurz, aber deutlich erkennbar.

Vorkommen: Vorzugsweise an halbschattigen bis schattigen Stellen in Wäldern und an Gewässerufern, regelmäßig auch in Gärten; fast überall häufig, in vielen Gegenden der häufigste Schwärmer.

Wissenswertes: Trotz seiner Häufigkeit wird der sehr auffällige Falter nur selten beobachtet, da er eine rein nachtaktive Lebensweise führt und sich tagsüber in der Vegetation verbirgt. Um so öfter kann man der Raupe begegnen. Sie entwickelt sich in der freien Natur u.a. an verschiedenen Weidenröschen-, Springkraut- und Labkraut-Arten, in Gärten vorwiegend an Fuchsien. Durch die letztgenannte Futterpflanze sorgt ihr Auftreten in Gärten mitunter für Verstimmung der Gartenbesitzer, zumal das Erscheinungsbild der Raupen mit ihrer Größe von bis zu 8 cm und der abschreckend wirkenden Augenzeichnung sie nicht gerade zu einem Sympathieträger werden lässt. Während die Jungraupen fast nur nachts fressen und sich tagsüber verbergen, nimmt die erwachsene Raupe auch oft tagsüber Nahrung auf und ist dann an der Pflanze kaum zu übersehen. Bei Bedrohung zieht sie den Kopf etwas ein, wodurch sich die vorderen Rumpfsegmente stark aufblähen; durch die Augenflecke entsteht jetzt der Eindruck einer gefährlichen kleinen Schlange. Die Verpuppung erfolgt am Erdboden in einem lockeren Gespinst. Die Puppe überwintert.

Kleiner Weinschwärmer
Deilephila porcellus FAM. SCHWÄRMER

Merkmale: Mit 40-45 mm Flügelspannweite deutlich kleiner als der Mittlere Weinschwärmer; Vorder- und Hinterflügel bräunlich oliv, nur am Rand mit rotem Saum. Flugzeit V-VIII. Raupe braun, seltener auch grün oder schwärzlich; Augenflecke rund, Horn am Körperende weitgehend reduziert.

Vorkommen: Vorwiegend in sonnigem, trockenem Gelände, z.B. auf Trockenrasen und an Wegrändern; überall ziemlich häufig.

Wissenswertes: Der K.W. ist nicht so strikt nachtaktiv wie der Mittlere Weinschwärmer. Oft kann man ihn schon in der Dämmerung beim Blütenbesuch beobachten, manchmal sogar tagsüber. Seine Raupe entwickelt sich offenbar ausschließlich an Labkraut-Arten. Wie die des Mittleren Weinschwärmers nimmt sie bei Beunruhigung eine schlangenartige Drohhaltung ein.

Oleanderschwärmer
Daphnis nerii FAMILIE SCHWÄRMER

Merkmale: Spannweite 90-130 mm. Flügel mit einem sehr exotisch wirkenden, dunkelgrünen und rosafarbenen Muster auf hellgrünem Grund. Flugzeit ganzjährig. Raupe bis zu 12 cm lang, leuchtend grün, seitlich mit blauem und weißem Längsstreifen; auf dem 3. Segment 2 blau-weiße Augenflecke.

Vorkommen: In Afrika und Asien sowie im südlichen Mittelmeerraum, hier aber regional gar nicht selten.

Wissenswertes: Der O. ist wie der Linienschwärmer (⇨ S.60) ein sehr wärmebedürftiger Wanderfalter, der von seinen südlichen Heimatgebieten aus immer wieder Vorstöße nach Norden unternimmt, dabei aber nur selten die Alpen überquert und nur ausnahmsweise das südliche D erreicht. Die Raupen entwickeln sich meist an Oleanderbüschen. Die Falter fliegen in S-EU in 2-3 Generationen im Jahr, in den Tropen praktisch das ganze Jahr über.

SCHWÄRMER 63

Taubenschwänzchen
Macroglossum stellatarum SCHWÄRM.

Merkmale: Spannweite 40-50 mm. Körper untersetzt, graubraun mit weißen Flecken an den Seiten des verbreiterten Hinterleibs, der wie ein Schwanz wirkt; Vorderflügel grau, Hinterflügel gelborange. Flugzeit ganzjährig. Raupe hellgrün mit weißen Längsstreifen.

Vorkommen: An Waldrändern, auf Trockenrasen und vor allem in Gärten jahrweise recht häufig.

Wissenswertes: Dieser kleine Schwärmer wandert in günstigen Jahren in großer Zahl aus S-EU zu uns ein und schreitet hier zur Fortpflanzung. Die tagaktiven Falter erregen immer wieder Aufmerksamkeit, wenn sie im Sonnenschein an Blumenbeeten und Balkonkästen nach Art eines Kolibris im Rüttelflug an langröhrigen Blüten saugen (⇨S.54/55). Als Futterpflanzen dienen den Raupen verschiedene Labkraut-Arten.

Nachtkerzenschwärmer
Proserpinus proserpina SCHWÄRMER

Merkmale: Spannweite 37-42 mm. Etwas an das Taubenschwänzchen erinnernd, doch Vorderflügel am Außenrand gebuchtet, in der Mitte mit breiter, dunkler Querbinde. Flugzeit V-VI. Raupe ohne Horn, grünlich oder braun, mit dunklen Augenflecken um die Atemöffnungen.

Vorkommen: An warmen, feuchten Stellen, z.B. in Auwäldern oder Kiesgruben; ziemlich selten.

Wissenswertes: Der kleine Falter beginnt seinen Flug bereits vor Eintritt der Dämmerung und ist dann im Schwirrflug an Natternkopf, Flieder oder Salbei gut zu beobachten. Seine Raupe entwickelt sich an Nachtkerzen oder Weidenröschen. Zur Verpuppung gräbt sie sich in den Boden ein. Die Puppe überwintert. **(RL), §!**

Hummelschwärmer *Hemaris fuciformis* FAMILIE SCHWÄRMER

Merkmale: Spannweite 40-47 mm. Kleiner, untersetzter Schwärmer mit dicht pelzig gelb, rot und braun behaartem Körper und nur am Rand rotbraun beschuppten Flügeln. Flugzeit V-VIII. Raupe grün mit braunem Bauch, oft mit roten Ringen um die Atemöffnungen.

Vorkommen: An Waldrändern, auf Blumenwiesen und Trockenrasen, in Parkanlagen und gelegentlich in Gärten; in den meisten Gegenden nicht selten.

Wissenswertes: Der tagaktive Falter ähnelt einer Hummel und genießt dadurch offensichtlich einen gewissen Schutz vor Verfolgern. Beim Blütenbesuch setzt er sich aber nicht wie eine Hummel ab, sondern saugt den Nektar nach Schwärmerart im Schwirrflug.

Die Raupe entwickelt sich meist an der Roten Heckenkirsche. Der Falter legt seine kugeligen, hellgrünen Eier bevorzugt an den untersten Zweigen dieser Pflanze ab, wo sie verhältnismäßig leicht zu sehen sind. Sehr viel schwieriger ist es, später die durch ihre Färbung hervorragend getarnte Raupe zu entdecken. Sie verpuppt sich am Boden in der Moosschicht. Überwinterungsstadium ist die Puppe, doch ergeben einzelne Puppen bereits im Hochsommer Falter einer partiellen 2. Generation. **RL, §!**

Ähnlich: **Skabiosenschwärmer** *Hemaris tityus*, mit einer Flügelspannweite von 37-42 mm etwas kleiner als der Hummelschwärmer, Flügelrand schmäler beschuppt und Körper deutlich heller (mehr gelblich) behaart. Die Art ist wärmebedürftiger und viel seltener als der Hummelschwärmer und kommt vor allem auf blütenreichen Wiesen und Trockenrasen vor. Ihre grüne Raupe entwickelt sich unter anderem an Witwenblumen, Skabiosen und Karden. **RL, §!**

SCHWÄRMER 65

Spinnerartige

In dieser Gruppe werden eine ganze Reihe verschiedener Schmetterlingsfamilien zusammengefasst. Gemeinsam ist ihnen, dass die Raupen vor der Verpuppung mit Hilfe ihrer Spinndrüsen, die in den Mundwerkzeugen ausmünden, einen Kokon anfertigen. Bekanntestes Beispiel für diese Spinntätigkeit ist der Seidenspinner, dessen Kokons der Mensch schon seit mehreren tausend Jahren zur Herstellung der begehrten Seide nutzt. In Mitteleuropa sind die Spinnerartigen mit rund 180 Arten vertreten.

Vielfach sind die Mundwerkzeuge der Falter vollständig zurückgebildet, sodass die fertigen Schmetterlinge ganz auf die von den Raupen angelegten Reserven angewiesen sind. Die männlichen Falter besitzen nicht selten fein gefiederte Antennen, wie das rechts abgebildete Männchen der Nonne zeigt. Durch die starke Vergrößerung der Oberfläche wird das in den Fühlern lokalisierte Geruchsvermögen enorm gesteigert. Die Männchen mancher Spinnerarten sind in der Lage, einen vom Weibchen an die Luft abgegebenen Lockduft über eine Entfernung von mehreren Kilometern wahrzunehmen und so die paarungsbereite Partnerin zielstrebig anzusteuern.

Männchen der Nonne

Mondvogel *Phalera bucephala* — FAMILIE ZAHNSPINNER

Merkmale: Spannweite 42-55 mm. Vorderflügel grau, an der abgestutzten Spitze mit einem runden, gelben Fleck; Vorderende ebenfalls etwas abgestutzt und gelb gefärbt. Flugzeit V-VIII. Raupe gelb mit glänzend schwarzem Kopf und zahlreichen schwarzen, an den Segmentgrenzen unterbrochenen Längsbinden, nur die etwas breitere Rückenbinde durchgehend; erinnert ein wenig an die Raupe des Großen Kohlweißlings (⇨S.172), besitzt aber eine viel längere Behaarung.

Vorkommen: In recht verschiedenen Lebensräumen, z.B. in Laubwäldern und Gebüschen, aber auch in Gärten und parkartigem Gelände; überall ziemlich häufig.

Wissenswertes: Der Falter ahmt durch Gestalt und Färbung einen abgebrochenen Zweig nach. Wenn er an Totholz oder einem Ast sitzt, ist er daher nur sehr schwer zu entdecken.
Als Futterpflanze der Raupe dienen zahlreiche verschiedene Laubbäume, u.a. Eiche, Birke, Buche, Linde und Sal-Weide. Die halbkugeligen, weißen, in der Mitte mit einem schwarzen Punkt gezeichneten Eier werden in dichten Eispiegeln an die Blattunterseite geheftet (kleines Foto ganz links). Die Jungraupen bilden eine dicht gedrängte Gruppe und befressen als so genannter »Raupenspiegel« zunächst gemeinsam das gleiche Blatt vom Rand her. Erst im letzten Häutungsstadium verteilen sie sich dann über den ganzen Zweig. Die Verpuppung erfolgt schließlich am Erdboden in einer dicht unter der Oberfläche liegenden Höhle. Die Puppe stellt das Überwinterungsstadium dar.

Buchenspinner
Stauropus fagi — FAMILIE ZAHNSPINNER

Merkmale: Spannweite 45-60 mm. Flügel heller oder dunkler graubraun mit 2 oft undeutlichen, hellen Zackenbinden. Flugzeit IV-VIII. Raupe mit stark verlängerten Beinen, Hinterende verdickt und in 2 schmale Spitzen auslaufend.

Vorkommen: In Laubwäldern, vor allem in Buchenwäldern; im Allgemeinen nicht selten.

Wissenswertes: Der Falter schiebt im Sitzen seine breiten, runden Hinterflügel seitlich weit unter den Vorderflügeln hervor. Die merkwürdige Raupe entwickelt sich an vielen verschiedenen Laubbäumen, insbesondere aber an der Buche. In den ersten Stadien ist sie sehr schmal und erinnert stark an eine Ameise. Später wird sie zunehmend plumper. Bei Bedrohung nimmt sie die abgebildete Schreckstellung ein, bei der sie Vorder- und Hinterende stark nach oben krümmt.

Erpelschwanz
Clostera curtula — FAMILIE ZAHNSPINNER

Merkmale: Spannweite 27-35 mm. Vorderflügel hell rötlich braun mit großem, rotbraunem Spitzenfleck und sehr schmalen, weißlichen Querbinden. Flugzeit IV-VIII. Raupe grau getönt mit feinen, dunklen Längsbinden und gelblicher Fleckung.

Vorkommen: In Wäldern und offenem Gelände, auch in Gärten allgemein verbreitet und fast überall ziemlich häufig.

Wissenswertes: Die Art fliegt alljährlich in 2 Generationen. Im Sitzen strecken die Falter meist ihre Hinterleibsspitze mehr oder weniger weit zwischen den Flügeln hervor und heben sie wie ein Schwänzchen in die Höhe, was ihnen zu ihrem Namen verholfen hat. (Beim abgebildeten Tier ist der »Schwanz« allerdings nicht deutlich erkennbar.) Die Raupe entwickelt sich an Pappeln und Weiden, wo sie sich tagsüber zwischen versponnenen Blättern verbirgt. Sie bevorzugt dabei Stockausschläge und noch sehr kleine Büsche.

Großer Gabelschwanz Cerura vinula   FAMILIE ZAHNSPINNER

Merkmale: Spannweite 45-70 mm. Vorderflügel weißlich grau, vor dem Außenrand mit mehreren schmalen, dunklen Bogenlinien. Flugzeit IV-VII. Raupe leuchtend grün mit zunehmend schwarzbrauner Sattelzeichnung und gabelförmigen Körperanhängen, hinter dem Kopf ein roter Ring mit 2 schwarzen Augenflecken.
Vorkommen: An Wald- und Wegrändern, in Gebüschen, Kiesgruben u.a. Lebensräumen mit Pappel- und Weidenbeständen; überall recht häufig.
Wissenswertes: Der nachtaktive Falter ist tagsüber oft an Hauswänden oder Baumstämmen zu finden. Er streckt in der Ruhehaltung seine dicht bepelzten Vorderbeine weit nach vorn.
Futterpflanzen der Raupe sind verschiedene Pappel- und Weidenarten, vorzugsweise Zitter-Pappel und Sal-Weide. Bei Störungen nimmt die Raupe eine geradezu bedrohlich wirkende Haltung ein: Sie zieht ihren Kopf ein, wodurch der Brustabschnitt anschwillt und der rote Ring mit den Augenflecken betont wird. Gleichzeitig biegt sie ihre Schwanzgabel nach oben und lässt an deren Spitzen 2 peitschenförmige, rote Fäden hervortreten. Unter ihrer Kopfkapsel wird jetzt im roten Ring ein Spalt erkennbar, aus dem sie dem Angreifer ein ätzendes Drüsensekret entgegenspritzen kann. Die Verpuppung erfolgt in einem sehr festen, mit Holzspänen versetzten Kokon in Bodennähe am Stamm des Fraßbaums. **(RL), §!**

Ähnliche Art:
Weißer Gabelschwanz *Cerura erminea*
Diese deutlich seltenere Art hat eine weißliche Grundfärbung und eine etwas schwächere dunkle Flügelzeichnung. **(RL), §!**

Buchengabelschwanz
Furcula furcula   FAMILIE ZAHNSPINNER

Merkmale: Spannweite 27-35 mm. Vorderflügel hellgrau mit etwas dunklerer, schwarz begrenzter Querbinde. Flugzeit V-VII. Raupe ähnlich der des Großen Gabelschwanzes, bleibt aber deutlich kleiner, ohne roten Ring hinter der Kopfkapsel.
Vorkommen: In Laubwäldern und Gebüschen auf trockenem bis feuchtem Untergrund; nicht häufig.
Wissenswertes: Die Raupe entwickelt sich vorzugsweise an Buchen, Zitterpappeln und Sal-Weiden. In wärmeren Gebieten, z.B. in der Oberrheinebene, fliegen die Falter jährlich in 2 Generationen, in kühleren Gebieten nur in besonders warmen Jahren. Überwinterungsstadium ist die Puppe. **§!**
Ähnlich: Der etwas größere **Birkengabelschwanz** *Furcula bicuspis* hat eine weiße Grundfärbung und eine kontrastreichere Zeichnung. Beim ebenfalls größeren **Kleinen Gabelschwanz** *Furcula bifida* ist die Flügelbinde etwas breiter. **§!**

Zickzackspinner
Eligmodonta ziczac   FAM. ZAHNSPINNER

Merkmale: Spannweite 40-45 mm. Vorderflügel zimtbraun mit weißlichem, sichelförmigem Fleck in der Flugelmitte. Flugzeit IV-IX. Raupe bräunlich violett bis rosa, im hintersten Körperabschnitt orange-braun gefärbt, auf den Segmenten 5, 6 und 11 je 1 kegelförmiger Höcker.
Vorkommen: Vor allem an etwas feuchten Waldwegen und Straßenrändern, auch in Auwäldern und Parkanlagen; überall ziemlich häufig.
Wissenswertes: Die Falter fliegen in 2 Generationen pro Jahr. Die Raupe nimmt in Fresspausen typischerweise eine stark gekrümmte Körperhaltung ein, in der sie kaum noch als Schmetterlingsraupe erkennbar ist. Möglicherweise wird sie in dieser Gestalt von nahrungssuchenden Vögeln schlichtweg übersehen.

ZAHNSPINNER **71**

Kamelspinner
Ptiludon capucina FAMILIE ZAHNSPINNER

Merkmale: Spannweite 35-40 mm. Vorderflügel rotbraun bis gelbbraun, mit schwarzen Zackenbinden, in der Mitte des Hinterrands ein schwarz beschuppter, zahnartiger Fortsatz (nach dieser bei verschiedenen Zahnspinnern vorkommenden Bildung wurde die Familie benannt). Flugzeit IV-VIII.
Vorkommen: In Wäldern und Gebüschen, auch in Parks und Gärten; fast überall ziemlich häufig.
Wissenswertes: Der K. fliegt jährlich in 2 Generationen. Seine Raupe ist hellgrün gefärbt, mit weißlich grünem Rücken und schmaler, gelblicher Seitenlinie. Auf dem 11. Segment trägt sie 2 spitze, rote Höcker. Sie entwickelt sich an verschiedenen Laubbäumen, insbesondere an Birken, Buchen und Eichen. Wird sie durch eine Störung beunruhigt, krümmt sie ihren Vorderkörper halbkreisförmig nach hinten und verharrt für einige Zeit in dieser Schreckhaltung. Die Verpuppung erfolgt in einer Erdhöhle am Fuß des Fraßbaums, wo die Puppe den Winter über liegen bleibt.

Palpenspinner
Pterostoma palpina FAM. ZAHNSPINNER

Merkmale: Spannweite 35-55 mm. Unterkiefertaster stark verlängert und dicht behaart, an eine Flaschenbürste erinnernd, im Sitzen weit nach vorn ausgestreckt; Vorderflügel gelbbraun mit dreieckigem Zahnfortsatz am Hinterrand. Flugzeit IV-VIII. Raupe hell bläulich grün mit weißlichem Rücken und weißer Seitenlinie.
Vorkommen: Vor allem in etwas feuchten Wäldern, an Wegrändern und in Gärten; häufig.
Wissenswertes: Die Falter fliegen jährlich in 1-2 Generationen. Ihre Raupen entwickeln sich an Weiden- und Pappel-Arten, wobei die Jungraupen zunächst die Blattspitze beiderseits der Mittelrippe befressen und sich dann auf diese setzen. Überwinterungsstadium ist die Puppe.

Pinien-Prozessionsspinner *Thaumetopoea pityocampa* PROZESS.SP.

Merkmale: Spannweite 40-50 mm. Vorderflügel hellgrau mit schmalen, dunkelbraunen Zackenbinden. Flugzeit VII-IX. Raupe dunkelgrau, an der Seite mit weißlichen, am Rücken mit gelblichen und braunen Haarbüscheln.
Vorkommen: In südeuropäischen Pinienwäldern weit verbreitet und in vielen Gegenden häufig, nordwärts bis Südtirol, in D fehlend.
Wissenswertes: Die Raupen entwickeln sich an verschiedenen *Pinus*-Arten. Die Raupen eines Geleges bleiben während ihrer gesamten Entwicklung zusammen und fertigen an einem Zweig ein bis etwa kopfgroßes, ballonförmiges Gespinst, in dem sie sich in den Fresspausen aufhalten und sich häuten. In diesem Nest findet auch die Überwinterung statt. Mit zunehmendem Alter gehen die Raupen dazu über, nicht mehr an ihrem »Wohnbaum« zu fressen, sondern zu den Mahlzeiten Nachbarbäume aufzusuchen. Dabei bilden sie lange Karawanen, in denen sie jeweils Kopf an Hinterende Kontakt zueinander halten. Nach dem Fressen wandern sie in gleicher Weise zum Nest zurück. Im Frühjahr suchen sie, ebenfalls in einer derartigen Prozession, einen Verpuppungsplatz am Erdboden, um sich dort dicht nebeneinander einzugraben.
Wie bei allen Prozessionsspinnern besitzen die Raupen des P. zahlreiche, weniger als 1 mm lange Brennhaare, die sie bei Gefahr »abschießen« können und die bei vielen Menschen erhebliche allergische Reaktionen auslösen. Diese reichen von stark juckenden Hautrötungen, Schleimhautreizungen und Schwellungen bis hin zu Fieber und Schüttelfrost und können wochenlang anhalten.

Ähnlich: **Eichen-Prozessionsspinner** *Thaumetopoea processionea*, etwas kleiner und dunkler gefärbt; Raupenentwicklung an Eichen; Gespinstnest am Baumstamm; Prozession mehrreihig; auch in D.

Großer Schneckenspinner
Apoda limacodes F. SCHNECKENSPINNER

Merkmale: Spannweite 20-30 mm. Vorderflügel gelbbraun mit 2 dunklen, schrägen Querbinden, die zwischen ihnen liegende Fläche beim ♂ dunkel, beim ♀ (Bild) in der Grundfarbe. Flugzeit V-VIII. Raupe breit und flach, asselförmig, grün mit gelben Punkten und 2 gelben Längsbinden.

Vorkommen: Meist an Waldrändern; recht häufig.

Wissenswertes: Die merkwürdige Raupe entwickelt sich an verschiedenen Laubhölzern, meist an Eichen. Sie scheidet ein klebriges, an der Unterlage haftendes Sekret ab, auf dem sie sich wie eine Schnecke kriechend fortbewegt. Im Herbst verpuppt sie sich in einem ziemlich festen Kokon an der Unterseite eines Blatts und lässt sich mit diesem zu Boden fallen.

Heller Sichelflügler
Drepana falcataria FAM. SICHELFLÜGLER

Merkmale: Spannweite 27-35 mm. Vorderflügel hellbraun mit dunklen Wellenlinien, außen in eine nach hinten gerichtete Spitze ausgezogen, neben dieser ein violetter Fleck. Flugzeit IV-VIII. Raupe grün mit braunem Rücken, am Hinterende zugespitzt.

Vorkommen: An Waldrändern, in Feuchtgebieten, aber auch in Parks und Gärten allgemein verbreitet, stellenweise durchaus häufig.

Wissenswertes: Der Falter fliegt in 2 Generationen pro Jahr. Die Raupe entwickelt sich meist an Birken, seltener auch an Erlen. Sie klappt den Rand eines Blatts nach oben um, spinnt ihn an der Blattfläche fest und lebt in der so entstandenen Tasche, in der sie sich auch verpuppt. Die Puppe der 2. Generation lässt sich im Herbst mit dem Blatt zu Boden fallen und überwintert.

Roseneule
Thyatira batis FAMILIE EULENSPINNER

Merkmale: Spannweite etwa 32-38 mm. Vorderflügel dunkelbraun mit porzellanartig glänzenden, weißen, in der Mitte rosa und z.T. zimtbraun gefärbten Flecken. Flugzeit V-VIII. Raupe in den ersten Stadien schmutzig grünlich gefärbt, später heller oder dunkler braun mit paarweise angeordneten, dreieckigen Rückenflecken.

Vorkommen: An Waldwegen und -rändern sowie in Gärten; weit verbreitet und vielerorts recht häufig.

Wissenswertes: Der nachtaktive Falter fliegt jährlich gewöhnlich in 2 Generationen. Die Raupe entwickelt sich vorzugsweise an Brombeer- oder Himbeersträuchern. Sie sitzt dort meist frei auf der Blattoberseite. Durch ihre stark zusammengekrümmte Sitzhaltung erinnert sie an Vogelkot und wird daher vermutlich als Beute verschmäht. Die Verpuppung erfolgt zwischen zusammengesponnenen Blättern, wo die Puppe auch überwintert.

Achateulenspinner
Habrosyne pyritoides F. EULENSPINNER

Merkmale: Spannweite 35-40 mm. Vorderflügel mit einer sehr aparten, zimtbraunen und weißen Zeichnung, die an geschliffenen Achat erinnert. Flugzeit V-VIII. Raupe rotbraun mit einem weißen, dunkel umrandeten Fleck an den Seiten des 4. Segments.

Vorkommen: An Waldwegen, auf Lichtungen und an Waldrändern; im Allgemeinen nicht selten.

Wissenswertes: Im Gegensatz zur nahe verwandten Roseneule fliegt der A. jährlich nur in 1 Generation. Seine unverwechselbare Raupe nachtaktiv, tagsüber hält sie sich zwischen Blättern oder am Boden verborgen. Man findet sie daher nur sehr selten. Sie entwickelt sich an Himbeer- und Brombeersträuchern. Schließlich verpuppt sie sich zwischen zusammengesponnenen Blättern. Mit diesen fällt die Puppe im Herbst zu Boden, wo sie den Winter über liegen bleibt, bis im Frühjahr der Falter schlüpft.

SCHNECKENSPINNER - EULENSPINNER 75

Kupferglucke
Gastropacha quercifolia FAM. GLUCKEN

Merkmale: Spannweite 50-90 mm. Flügel rotbraun, leicht violett glänzend, Außenränder wellenförmig gebuchtet. Flugzeit VI-VIII.
Vorkommen: An Waldrändern und Heckenstreifen, auf verbuschenden Trockenrasen, in Obstwiesen und Gärten; früher regional ziemlich häufig, in letzter Zeit fast überall stark zurückgegangen, gebietsweise ganz verschwunden.
Wissenswertes: Der nachtaktive Falter klappt im Sitzen seine Vorderflügel dachförmig zusammen und schiebt die fast kreisrunden Hinterflügel seitlich darunter hervor. Da Form und Farbe der Flügel trockenes Laub geradezu perfekt imitieren, ist das Tier bei Tage hervorragend getarnt.
Die unscheinbar grau gefärbte Raupe hat eine sehr flache Körperform und trägt an den Seitenrändern lange Haarfransen. Sie schmiegt sich eng an Zweige an und ist dann ebenfalls kaum noch zu entdecken. Sie ernährt sich vom Laub verschiedener Bäume und Sträucher. **RL, §!**

Grasglucke
Euthrix potatoria FAMILIE GLUCKEN

Merkmale: Spannweite 45-65 mm. Vorderflügel auffallend kurz und breit, beim ♂ (Bild) rotbraun, beim ♀ gelbbraun gefärbt und mit 2 kleinen, gelblichen Flecken gezeichnet. Flugzeit VI-VIII. Raupe bräunlich, an den Seiten mit einer aus weißen Haarbüscheln gebildeten Fleckenreihe.
Vorkommen: In Wäldern und etwas feuchtem, grasigem Gelände, z.B. an Ufern und Böschungen; fast überall recht häufig.
Wissenswertes: Der nachtaktive Falter fliegt gern künstliche Lichtquellen an. Das Weibchen legt seine ovalen, grünlich weißen Eier einzeln oder in kleinen Gruppen an Gräsern und anderen Pflanzen ab. Die Raupe ernährt sich ausschließlich von verschiedenen Süßgräsern und Seggen. Zur Überwinterung heftet sich die Jungraupe frei an Pflanzenstängel oder Zweige.

Kleine Pappelglucke
Poecilocampa populi FAMILIE GLUCKEN

Merkmale: Spannweite 30-45 mm, ♀ deutlich größer als ♂. Vorderflügel dunkelgrau mit violettem Schimmer und feinem, gelblichem Zeichnungsmuster. Flugzeit X-XII. Raupe unscheinbar grau, mit etwas abgeflachtem Körper.
Vorkommen: An Waldrändern und in Gebüschen; im Allgemeinen nicht selten.
Wissenswertes: Die Art zählt zu den letzten Schmetterlingen im Jahreszyklus. Sie gehört zu den regelmäßigen Gästen an künstlichen Lichtquellen. Das Weibchen legt seine Eier in kleinen Gruppen an Baumrinde ab, wo sie überwintern. Die vorwiegend nachtaktive Raupe ruht tagsüber eng an Zweige geschmiegt und ist dadurch nur schwer zu finden. Im Sommer gräbt sie sich in den Erdboden ein und verpuppt sich dort in einem festen, schwärzlichen Kokon.

Brombeerspinner
Macrothylacia rubi FAMILIE GLUCKEN

Merkmale: Spannweite 40-65 mm, dabei ♂ deutlich kleiner als ♀. Vorderflügel beim ♂ (Bild) rotbraun mit 2 schmalen, hellen Querbinden, beim ♀ mehr graubraun. Flugzeit V-VII. Raupe dunkel rotbraun mit grauen und schwarzen Haarbüscheln, in jüngeren Stadien mit auffallenden, hellen Segmenteinschnitten (Zeichnung).
Vorkommen: Vorwiegend auf feuchtem oder trockenem, grasigem Gelände und an Wegrändern; überall ziemlich häufig, gewöhnlich die häufigste heimische Glucken-Art.
Wissenswertes: Während die Weibchen nachtaktiv sind, fliegen die Männchen tagsüber auf der Suche nach Partnerinnen sehr behände umher. Die Raupe ernährt sich von den verschiedensten Gräsern und Holzgewächsen. Sie überwintert ausgewachsen, läuft im Frühjahr nur noch kurz umher und verpuppt sich dann ohne weitere Nahrungsaufnahme.

GLUCKEN 77

Eichenspinner
Lasiocampa quercus   FAMILIE GLUCKEN

Merkmale: Spannweite etwa 45-75 mm. Vorderflügel beim ♂ dunkelbraun mit weißem, dunkel umrandetem Punkt und gelber Querbinde, beim ♀ deutlich heller und weniger kontrastreich gezeichnet. Flugzeit VI-VIII. Raupe hellbraun behaart, mit schwarzen Segmenteinschnitten und weißen Seitenzeichnungen.
Vorkommen: In lichten Wäldern und an Waldrändern, seltener in offenem Gelände; in vielen Gegenden häufig, in den Alpen bis über die Baumgrenze.
Wissenswertes: Die Männchen fliegen tagsüber auf der Suche nach ihren nachtaktiven Partnerinnen sehr flink umher. Die Raupen ernähren sich von den Blättern vieler verschiedener Holzgewächse, in der Regel jedoch nicht von Eichenblättern. **(RL)**

Kleespinner
Lasiocampa trifolii   FAMILIE GLUCKEN

Merkmale: Spannweite 40-55 mm. ♂ (Bild) mit ähnlicher Vorderflügel-Zeichnung wie beim Eichenspinner, doch Färbung mehr zimtbraun bis graubraun, ♀ mit sehr schwacher oder fehlender heller Binde. Flugzeit VII-IX.
Vorkommen: Vorwiegend in trockenem, grasigem Gelände, seltener auf Feuchtwiesen; in M.-EU weit verbreitet und gebietsweise häufig, in manchen Gegenden aber in letzter Zeit selten geworden.
Wissenswertes: Auch bei dieser Art fliegen die Männchen tagsüber, besonders aber in der Dämmerung, während die Weibchen nachtaktiv sind. Gleich nach der Paarung beginnt das Weibchen mit der Eiablage. Dabei heftet es die Eier nicht an Pflanzenstängel, sondern verstreut sie im Flug. Die Raupe ähnelt sehr derjenigen des Eichenspinners, anders als diese entwickelt sie sich jedoch vorwiegend an verschiedenen Schmetterlingsblütlern. Meist überwintert das Ei, bisweilen aber anscheinend auch die Jungraupe.

Wolfsmilch-Ringelspinner
Malacosoma castrensis   FAM. GLUCKEN

Merkmale: Spannweite 25-35 mm. Vorderflügel beim ♂ (Bild) blass ockergelb mit rötlich brauner, z.T. hell gefüllter Querbinde, beim ♀ rötlich braun mit gelblichen Querbinden. Flugzeit VI-VIII. Raupe blaugrau mit rotgelben und schwarzen Längsstreifen.
Vorkommen: Auf sandigen oder steinigen, lückig bewachsenen Magerrasen; vorwiegend im süddeutschen Bergland, im nördlichen D selten.
Wissenswertes: Das Weibchen legt seine Eier in dichten, ringförmigen Gelegen um Pflanzenstängel, wo sie überwintern. Die Raupen leben zunächst gesellig in dichten Gespinsten. Sie fressen Zypressen-Wolfsmilch u.a. krautige Pflanzen. **RL**
Ähnlich: Beim **Ringelspinner** *Malacosoma neustria* ist das ♂ meist dunkler, das ♀ heller gefärbt. Seine Raupe frisst an verschiedenen Gehölzen.

Kiefernspinner
Dendrolimus pini   FAMILIE GLUCKEN

Merkmale: Spannweite 45-70 mm. Vorderflügel grau mit breiten rotbraunen und schmalen dunkelbraunen Querbinden; ♂ deutlich dunkler als das ♀ (Bild). Flugzeit VI-VIII. Raupe hellgrau, auf dem Rücken mit einer Längsreihe von eckigen rotbraunen, dunkel eingefassten Flecken.
Vorkommen: In Kiefernwäldern zumeist nicht selten.
Wissenswertes: Die Raupe lebt ausschließlich an Nadelbäumen, am häufigsten an der Wald-Kiefer, seltener auch an Weiß-Tannen oder Fichten. Gelegentlich kommt es zu Massenvermehrungen dieser Art mit z.T. großflächigem Kahlfraß, allerdings weitaus seltener als etwa bei der Nonne (⇨ S. 82). Zur Überwinterung wandert die Raupe zum Waldboden hinab. Im Frühjahr steigt sie wieder in die Baumkrone hinauf und verpuppt sich schließlich an einem Zweig in einem graubraunen Kokon, der zwischen den Nadeln befestigt ist.

GLUCKEN 79

Buchenstreckfuß *Elkneria pudibunda* — FAMILIE TRÄGSPINNER

Merkmale: Spannweite 40-45 mm. Vorderflügel meist hellgrau mit einer unscharf begrenzten, dunkleren Querbinde etwa in der Flügelmitte, oft aber auch mehr oder weniger verdunkelt bis fast schwarz; Beine, besonders die Vorderbeine, auffallend lang und pelzig behaart; Fühler des ♂ (kleines Foto oben) deutlich gekämmt, beim ♀ einfach fadenförmig. Flugzeit IV-VII. Raupe überaus bunt, zumeist hell gelblich grün mit schwarzen Segmenteinschnitten, 4 schneeweißen oder gelben, an Rasierpinsel erinnernden Borstenbüscheln auf den Segmenten 4-7 und einem dünneren, roten Schwanzpinsel am Hinterende.

Vorkommen: Am häufigsten in Laubwäldern, doch auch z.B. in Heidegebieten mit aufkommenden Pioniergehölzen; überall ziemlich häufig.

Wissenswertes: Die nachtaktiven Falter nehmen tagsüber eine charakteristische Ruhehaltung ein: Sie strecken ihre pelzig behaarten Vorderbeine schräg nach vorn, eine Eigenart, die zum Namen Streckfuß führte. Durch Färbung und Haltung sind die Falter z.B. auf Baumrinde bestens getarnt.

Die schönen Raupen entwickeln sich an zahlreichen verschiedenen Laubhölzern, etwa an Buchen, Eichen oder Birken. Insgesamt hat man sie schon an über 20 unterschiedlichen Baumarten gefunden. Neben der hier abgebildeten treten auch noch weitere Färbungsvarianten auf, z.B. Exemplare, die vorn gelbe oder hellbraune und hinten schwarze Haarpinsel besitzen. Die verschiedenen Färbungen kommen bei beiden Geschlechtern vor. Überwinterungsstadium ist beim B. die in einem Gespinst liegende Puppe.

Schlehenspinner
Orgyia antiqua — FAMILIE TRÄGSPINNER

Merkmale: Beim ♂ (Bild) Spannweite 25-30 mm, Vorderflügel rostbraun, am Innenwinkel des Flügelsaums ein weißer Fleck; ♀ plump, grau gefärbt, Flügel zu winzigen Stummeln reduziert. Flugzeit VI-X. Raupe blaugrau mit roten Punktwarzen sowie gelben und schwarzen Haarpinseln.

Vorkommen: In Wäldern und offenem Gelände; fast überall häufig.

Wissenswertes: Die Weibchen bleiben nach dem Schlüpfen auf dem Kokon sitzen, lassen sich dort begatten und legen auch hier ihre Eier ab. Die Raupen entwickeln sich an verschiedenen Sträuchern und krautigen Pflanzen. Der S. bildet jährlich 2 Generationen aus. Die Eier überwintern.

Schwan
Euproctis similis — FAMILIE TRÄGSPINNER

Merkmale: Spannweite 28-35 mm. Schneeweiß gefärbter, auffallend lang behaarter Falter, Hinterleibsende mit dichter, goldgelber Wolle. Flugzeit IV-VII. Raupe sehr bunt, schwarz mit roter Rückenbinde und seitlich davon weißer Fleckenreihe.

Vorkommen: An etwas feuchten Wald- und Wegrändern; in den meisten Gegenden nicht selten.

Wissenswertes: Die Raupe entwickelt sich an den unterschiedlichsten Laubgehölzen. Das Weibchen heftet sein Eigelege an die Unterseite eines Blatts und bedeckt es mit einer dichten Schicht seiner Hinterleibswolle. Die Jungraupe überwintert, versteckt in Falllaub oder Holzritzen und eingesponnen in einen Kokon.
Ähnlich: Beim ansonsten sehr ähnlichen **Goldafter** *Euproctis chrysorrhoea* ist die Hinterleibswolle rotbraun gefärbt.

TRÄGSPINNER 81

Schwammspinner *Lymantria dispar*   FAMILIE TRÄGSPINNER

Merkmale: Spannweite 32-55 mm. Geschlechter sehr verschieden gefärbt: ♂ (linkes großes Foto) mit braunen Vorderflügeln, die mit schmalen, dunklen Zackenbinden gezeichnet sind; ♀ (rechtes großes Bild) deutlich größer als das ♂, Vorderflügel weiß, ebenfalls mit dunklen Binden. Flugzeit VI-IX. Raupe sehr variabel gezeichnet, grau mit hellbraunem Kopf und roten bis braunen Rückenflecken, die aber auch fehlen können.
Vorkommen: Vorzugsweise in Laubwäldern und Obstgärten wärmerer Lagen, jahrweise in sehr unterschiedlicher Häufigkeit.
Wissenswertes: Die Männchen besitzen sehr große, fein gefiederte Fühler, mit deren Hilfe sie tagsüber nach den meist träge an den Baumstämmen sitzenden Weibchen suchen. Diese legen ihre Eier am Stamm ab und bedecken das Gelege mit den abgeriebenen Haaren ihrer Hinterleibsspitze. Die Eier überwintern, im Frühjahr schlüpfen die winzigen Raupen. Mit Hilfe ihres langen Haarkleids lassen diese sich vom Wind über größere Strecken davontragen. Danach fressen sie an verschiedenen Laubbäumen, insbesondere an Eichen.
Wenn zur Schlupfzeit und während der Raupenentwicklung günstige Witterung herrscht, kann es zur Massenvermehrung der Art kommen. Dann sind die Raupen weniger wählerisch und fallen über alle erreichbaren Pflanzen, auch z.B. über Nadelbäume, her. Im Extremfall können sie große Gebiete völlig entlauben. Solche übermäßigen Populationen brechen aber spätestens nach einigen Jahren in sich zusammen, da sich in der Folge parasitische Insekten stark vermehren und die Falter wieder dezimieren. Die Bäume treiben nach dem Befall in aller Regel wieder neu aus.

Nonne *Lymantria monacha*   FAMILIE TRÄGSPINNER

Merkmale: Spannweite 30-50 mm. Bei beiden Geschlechtern Flügel weiß mit schwarzen Zackenbinden und punktförmigen Flecken, oft stark verdunkelt bis hin zu fast einheitlicher Schwarzfärbung; Fühler des ♂ (⇨ S.66/67) mit sehr langen Kammzähnen. Flugzeit VI-IX. Raupe dunkelbraun mit bläulichen, lang beborsteten Punktwarzen, auf dem Rücken meist mit einem weißlichen Fleck, der aber auch fehlen kann.
Vorkommen: In M.-EU in Laub- und Nadelwäldern weit verbreitet, im Gegensatz zum Schwammspinner mehr in kühleren Gebieten; normalerweise in geringer Individuendichte, doch kann es in Jahren mit günstigem Witterungsverlauf auch zu Massenvermehrungen kommen.
Wissenswertes: Die Eiablage erfolgt meist im unteren Bereich von Baumstämmen in Gruppen von etwa 20-100 Stück. Wie beim Schwammspinner besitzen die Jungraupen ein langes und dichtes Haarkleid, das ihnen einen Transport auf dem Luftweg ermöglicht. Sie seilen sich hierzu an einem Faden ab und lassen sich vom Wind davontragen. Die Entwicklung erfolgt an verschiedenen Laub- und Nadelbäumen, auch an niedrigen Sträuchern, vorzugsweise aber an Buchen und Eichen. Massenvermehrungen finden dagegen ausschließlich an Fichten und Kiefern in entsprechenden Monokulturen statt. Hierbei kann es zu großflächigem Kahlfraß kommen. Durch solche Kalamitäten werden aus der Umgebung viele Feinde der Nonne angelockt, etwa Raupenfliegen und Puppenräuber. Vor allem letzterer, ein flugtüchtiger, auf Bäumen lebender Laufkäfer, profitiert sehr von dem überreichen Angebot an Beutetieren und kann sich zusammen mit den übrigen Raupenvertilgern stark vermehren. In der Folge geht die Nonnenpopulation stark zurück, später auch wieder die ihrer Feinde, bis schließlich nach 3-5 Jahren eine erneute Massenvermehrung möglich wird.

Kleines Nachtpfauenauge *Saturnia pavonia* FAMILIE PFAUENSPINNER

Merkmale: Spannweite 60-85 mm. Vorder- und Hinterflügel mit jeweils einem markanten Augenfleck. ♂ (großes Bild) deutlich kleiner als das ♀, Vorderflügel dunkelgrau mit weißen und weinroten Zeichnungen, Hinterflügel dottergelb; beim ♀ dagegen Vorder- und Hinterflügel grau. Flugzeit III-VI. Raupe leuchtend grün mit schwarzen Querbinden, in denen gelbe oder rosafarbene, Borsten tragende Warzen liegen.
Vorkommen: In offenem, trockenem wie feuchtem Gelände, z.B. an Waldrändern und Hecken, auf Trockenrasen, in Feuchtheiden und auf Sumpfwiesen; in den meisten Gegenden nicht selten.
Wissenswertes: Während die Weibchen nur nachts fliegen, sind die Männchen auf der Suche nach Partnerinnen auch tagsüber in rasantem Flug unterwegs. Die ovalen, braunen Eier werden ringförmig an Zweigen abgelegt. Die Raupe entwickelt sich an den verschiedensten krautigen und holzigen Pflanzen. Zur Verpuppung stellt sie einen kunstvollen, festen Kokon her (kleines Foto links). Die Puppe überwintert im Kokon. §!

Wiener Nachtpfauenauge *Saturnia pyri* FAMILIE PFAUENSPINNER

Merkmale: Mit einer Flügelspannweite von 100-130 mm einer der größten mitteleuropäischen Schmetterlinge; ähnlich dem Kleinen Nachtpfauenauge, doch Färbung deutlich dunkler, Zeichnung weniger kontrastreich; ♂ und ♀ gleich gefärbt. Flugzeit IV-VI. Raupe bis zu 12 cm lang, leuchtend grün mit hellblauen, Borsten tragenden Hautwarzen.
Vorkommen: Vorwiegend in Parkanlagen und Obstplantagen; nur im südlichen und östlichen M.-EU, z.B. in den Südalpen und im östlichen Österreich; in D fehlend.
Wissenswertes: Der schöne, große Falter wird in Europa immer seltener und ist aus vielen ehemaligen Vorkommensgebieten bereits ganz verschwunden. Seine Raupe entwickelt sich an verschiedenen Laubbäumen und zeigt dabei eine besondere Vorliebe für Obstbäume wie Pfirsich, Apfel und Kirsche. Durch diese Vorzugsnahrung erklärt sich das hauptsächliche Vorkommen des W.N. auf intensiv genutzte Obstanbauflächen, was der Art zum Verhängnis zu werden droht, da gerade in diesen Gebieten sehr viel Gift ausgebracht wird, das gegen andere Obstbaumschädlinge gerichtet ist, den Lebensraum aber insgesamt stark belastet.
Die Mundwerkzeuge der Falter sind wie bei den übrigen Arten dieser Familie verkümmert, sodass die fertigen Schmetterlinge keine Nahrung aufnehmen können und während ihrer nur wenige Tage andauernden Flugphase ganz auf die in der Raupenzeit angesammelten Reserven zurückgreifen müssen.
In den vergangenen Jahren wurde verschiedentlich versucht, die attraktive Art auch in Süddeutschland anzusiedeln, was aber trotz Aussetzung einer hohen Zahl von Faltern nicht gelang. Die Tiere konnten zwar teilweise noch mehrere Nachfolgegenerationen hervorbringen, doch alle angesiedelten Populationen waren bereits nach wenigen Jahren wieder erloschen. §!

PFAUENSPINNER 85

Nagelfleck *Aglia tau*

FAMILIE PFAUENSPINNER

Merkmale: Spannweite 55-85 mm. Flügel ockergelb mit jeweils einem blau gekernten Augenfleck, der innen eine weiße, nagelförmige Zeichnung trägt; Grundfärbung oft verdunkelt, manchmal fast schwarz. Flugzeit IV-VI. Raupe hellgrün, in den ersten Stadien mit 5 rot-weiß geringelten, an der Spitze z.T. gegabelten Rückendornen, die nach der 4. Häutung fehlen.
Vorkommen: In verschiedenen Laubmischwäldern, vor allem solchen mit hohem Buchenanteil; in den meisten Gegenden nicht selten.

Wissenswertes: Ähnlich wie bei den Nachtpfauenaugen (⇨ S.84) suchen die Männchen tagsüber nach den meist dicht über dem Boden sitzenden Weibchen. Nicht selten umschwirren dann mehrere paarungswillige Männchen das gleiche Weibchen. Dies geschieht vorwiegend Ende April, wenn die Buchen gerade austreiben. Der Flug der Männchen ist weniger rasant als bei den Nachtpfauenaugen, sodass sich die Falter leichter beobachten lassen.

Nach der Paarung legt das Weibchen die braunen Eier ringförmig um Zweige der Futterpflanze, meist von Buchen, doch auch anderer Laubbäume wie Birken, Eichen oder Linden. Die Raupen halten sich zwar vorwiegend im Kronenbereich der Bäume auf, fallen aber in Gewitterstürmen oft zu Boden und sind dann manchmal in größerer Zahl zu finden. Im Sommer spinnt sich jede am Waldboden einen Kokon, in dem kurz darauf die Verpuppung erfolgt. Die Puppe überwintert. §!

Birkenspinner *Endromis versicolora*

FAMILIE BIRKENSPINNER

Merkmale: Spannweite 50-60 mm. Flügel beim ♂ (rechtes Foto) dunkelbraun, beim ♀ (linkes Foto) etwas heller, mit weißem und schwarzem Streifenmuster und je 3 dreieckigen Flecken vor der Spitze der Vorderflügel. Flugzeit III-V. Raupe völlig unbehaart, zunächst schwärzlich, später kräftig grün mit gelblich weißen Schrägstreifen.
Vorkommen: In feuchten, meist etwas lichten Wäldern und Gebüschen, in denen Birken dominieren, daneben auch in trockenen, offenen Gebieten mit aufkommendem Birkenjungwuchs; nicht häufig und vielerorts in letzter Zeit im Bestand deutlich zurückgegangen.
Wissenswertes: Die Art zeigt ein ähnliches Flug- und Paarungsverhalten wie die Pfauenspinner. Auch hier suchen die Männchen im zeitigen Frühjahr (meist noch vor dem Nagelfleck und dem Kleinen Nachtpfauenauge) in wildem Flug tagsüber nach den lockenden Weibchen, die gewöhnlich in Bodennähe, gelegentlich aber auch in bis zu 2 m Höhe an Zweigen sitzen. Im Unterschied zu den Pfauenspinnern werden die Flügel aber in der Ruhehaltung nicht ausgebreitet, sondern dachförmig über dem Körper angewinkelt.

Die Eiablage erfolgt offenbar ausschließlich an Birkenzweigen. Die nach vorn etwas verschmälerten Raupen leben in der ersten Zeit gesellig in dichten Trauben beieinander. Bei einer Störung biegen alle gleichzeitig ihren Vorderkörper zu einem Viertel- bis Halbkreis von der Unterlage weg, sodass die ganze Gesellschaft ein recht bizarres Bild abgibt. Sie fressen zunächst gemeinsam einen Zweig von der Spitze her bis zum Ansatz weitgehend kahl. Nach der dritten Häutung zerstreuen sie sich und fressen einzeln weiter. Doch auch die Altraupe nimmt noch die gleiche Schreckhaltung ein. Zur Verpuppung steigt sie zum Erdboden hinab, wo sie sich einen lockeren Kokon aus Gespinstfäden und Erde anfertigt. Die Puppe überwintert. (RL), §!

PFAUENSPINNER UND BIRKENSPINNER 87

Brauner Bär *Arctia caja*

FAMILIE BÄRENSPINNER

Puppe ▽

Merkmale: Spannweite 45-65 mm. Auffallend bunter, plumper Nachtfalter; Vorderflügel dunkelbraun mit weißem Bindenmuster; Hinterflügel rot mit runden schwarzen, blau glänzenden Flecken. Flugzeit VII-IX. Raupe schwarz mit weißen Punktwarzen, auf den vorderen 3 Rumpfringen und an den Seiten mit langer fuchsroter, am Rücken der restlichen Segmente mit noch längerer schwärzlicher und grauer Behaarung.

Vorkommen: Vorzugsweise an etwas feuchten, offenen oder halbschattigen Stellen, z.B. an Waldwegen und in Flussauen, auch in Parks und Gärten; in den meisten Gegenden nicht selten.

Wissenswertes: Der Falter ist ausschließlich nachtaktiv und wird daher trotz seiner Häufigkeit nur selten beobachtet. Regelmäßig fliegt er künstliche Lichtquellen an, erscheint dort aber kaum vor Mitternacht. Tagsüber ruht er meist in dichter Vegetation mit aneinander gelegten Vorderflügeln. Wird er beunruhigt, etwa indem man ihn kurz antippt, spreizt er, wie im Bild zu sehen, die Vorderflügel auseinander und präsentiert seine leuchtend roten Hinterflügel. Gleichzeitig legt er die Fühler eng aneinander und winkelt den Kopf an; dabei erscheint im Nacken ein sonst nicht sichtbarer, rot behaarter Halsring.

Der Name »Bär« bezieht sich nicht auf den Falter, sondern auf die pelzartig behaarte Raupe. Diese entwickelt sich an sehr verschiedenen krautigen und strauchigen Pflanzen, u.a. an Himbeeren, Weiden, Heidekraut oder Löwenzahn. Die glatten, weißen Eier werden in einschichtigen Gelegen an die Blattunterseite der Futterpflanze geheftet. Die jungen Raupen überwintern, die ausgewachsenen sind im Frühjahr oft zu beobachten, wenn sie auf der Suche nach einem geeigneten Verpuppungsort Wege und Straßen überqueren. **(RL), §!**

Schwarzer Bär
Arctia villica   FAMILIE BÄRENSPINNER

Merkmale: Spannweite 45-60 mm. Etwas schlanker als der Braune Bär, Vorderflügel schwarz mit runden, weißen Flecken, Hinterflügel gelb mit schwarzem Muster. Flugzeit V-VII. Raupe dunkelgrau und gelblich behaart, bis zu 2 cm lang.

Vorkommen: An sehr warmen, mehr oder weniger offenen Stellen, z.B. auf verbuschten Trockenrasen in steilen Südlagen, in M.-EU fast nur in ausgesprochenen Wärmegebieten, so im Nahetal (sehr selten) und im Südtiroler Etschtal (stellenweise recht häufig), vereinzelt auch noch im östlichen Brandenburg; im Mittelmeergebiet dagegen weit verbreitet und vielerorts häufig.

Wissenswertes: Der attraktive Falter ist wie der Braune Bär rein nachtaktiv. Seine Raupe entwickelt sich an verschiedenen Kräutern. Sie überwintert halbwüchsig, frisst im Frühjahr weiter, bis sie sich schließlich verpuppt. **RL! §!**

Engadiner Bär
Arctia flavia   FAMILIE BÄRENSPINNER

Merkmale: Spannweite 50-70 mm. Einer der schönsten Bärenspinner mit schwarzen, weiß gestreiften Vorderflügeln und gelben, schwarz gefleckten Hinterflügeln; Flügelform deutlich schmäler als beim Braunen Bär. Flugzeit VII-IX.

Vorkommen: Nur in den Hochlagen der Alpen, hier von der Waldgrenze bis in etwa 3500 m Höhe; fast überall ziemlich selten, nur in einigen Bereichen der Zentralalpen (z.B. in den Ötztaler Alpen und im Engadin) etwas häufiger.

Wissenswertes: Der bei Sammlern sehr begehrte Falter hat eine rein nächtliche Lebensweise und ist daher schwer zu finden. Gelegentlich fliegt er künstliche Lichtquellen an, erscheint dort aber grundsätzlich erst nach Mitternacht. Seine schwarz und silbergrau behaarte Raupe hält sich tagsüber unter flachen Steinen verborgen und erscheint erst bei völliger Dunkelheit, um an verschiedenen Kräutern und Zwergsträuchern zu fressen. Nach zweimaliger Überwinterung verpuppt sie sich schließlich unter einem Stein in einem lockeren Gespinst. **§!**

88 *BÄRENSPINNER*

BÄRENSPINNER 89

Augsburger Bär *Pericallia matronula* — FAMILIE BÄRENSPINNER

Merkmale: Mit 65-80 mm Flügelspannweite der größte heimische Bärenspinner; Vorderflügel dunkelbraun mit gelblich weißen Flecken, die weitgehend am Vorderrand konzentriert sind; Hinterflügel gelb mit schwarzen Flecken; ♂ (Foto) etwas dunkler als das ♀. Flugzeit VI-VII. Raupe schwarzbraun mit dichter, langer, fuchsroter Behaarung.

Vorkommen: Vorwiegend in warmen und feuchten, unterholzreichen Laubwäldern, doch auch an steilen, mit lockerem Gebüsch bewachsenen Hängen; überall sehr selten und aus den meisten früheren Vorkommensgebieten (vor allem im nördlichen und östlichen D) mittlerweile ganz verschwunden; heute wohl nur noch im süddeutschen Bergland, z.B. auf der Schwäbischen Alb, sowie in den Alpen.

Wissenswertes: Die sehr auffallende, unverwechselbare Art gibt den Insektenkundlern noch heute manches Rätsel auf. In fast allen Vorkommensgebieten tritt sie nur in Einzelexemplaren auf und ist dann oft wieder für viele Jahre gar nicht mehr zu finden. Selbst an den wenigen Fundorten, an denen sie regelmäßig nachzuweisen ist, trifft man sie in der Regel alle 2 Jahre etwas häufiger. Dies lässt auf eine zweijährige Entwicklung der Art schließen, doch in Zuchten erscheinen die Falter meist schon nach einem Jahr.

Der Falter ist vorwiegend nachtaktiv und fliegt oft ans Licht (vor allem das Männchen). Er ist aber auch tagsüber leicht aufzuscheuchen. Die Raupe lebt offenbar sehr versteckt, denn sie wurde bisher kaum im Freiland gefunden. Sie frisst an sehr verschiedenen Pflanzen, soll aber nach der ersten Überwinterung Sträucher wie Himbeere, Hasel oder Heckenkirsche, nach der zweiten dann krautige Pflanzen wie Löwenzahn bevorzugen. **RL! §!**

Englischer Bär
Arctia festiva — FAMILIE BÄRENSPINNER

Merkmale: Spannweite 45-60 mm. Vorderflügel weiß mit schwarzen, teilweise zu Flecken aufgelösten Querbinden; Hinterflügel hellrot mit schwarzbrauner Fleckung. Flugzeit IV-V.

Vorkommen: In warmem, steppenartigem Gelände mit sehr lückiger Vegetation, z.B. auf Geröllhalden, Sandrasen und Brachäckern; in D früher an vielen verschiedenen Orten, doch seit etwa 100 Jahren fast überall verschwunden; letzte Funde im östl. D noch nach 1970; in den Steppengebieten Ungarns auch heute noch stellenweise recht häufig.

Wissenswertes: Die schwarzbraune, lang grau und fuchsrot behaarte Raupe lebt an verschiedenen niedrigen Kräutern wie Zypressen-Wolfsmilch und Wegerich. In ihren steppenartigen Vorkommensgebieten zieht sie sich mit Eintritt der sommerliche Dürrephase in ein Gespinst zurück und stellt vorübergehend die Nahrungsaufnahme ein. Danach frisst sie weiter bis zum Herbst, zieht sich dann zur Überwinterung zurück und verpuppt sich im April. **RL! §!**

Wegerichbär
Parasemia plantaginis — F. BÄRENSPINNER

Merkmale: Spannweite 32-38 mm. Färbung sehr variabel; Vorderflügel schwarzbraun mit weißer oder blass gelblicher Bindenzeichnung, die in der Flügelspitze meist ein Kreuz bildet; Hinterflügel beim ♂ gelb oder weiß, beim ♀ meist rot, seltener und v.a. im Gebirge auch gelb mit dunkelbrauner Zeichnung (Bild); vereinzelte Falter, vor allem ♂, fast einheitlich schwarz. Flugzeit V-VII. Raupe in der Mitte fuchsrot, vorn und hinten schwarzgrau behaart.

Vorkommen: In Wäldern an offenen Stellen, auf Feuchtwiesen und an Straßenrändern, besonders aber in den Alpen auf Grasheiden oberhalb der Waldgrenze; im Allgemeinen nicht häufig.

Wissenswertes: Die Männchen dieser Art fliegen tagsüber recht lebhaft umher, die Weibchen dagegen sitzen meist träge in der niedrigen Vegetation. Die Raupe ernährt sich von verschiedenen Kräutern, z.B. Löwenzahn oder Wegerich. **(RL), §!**

BÄRENSPINNER 91

Purpurbär
Rhyparia purpurata FAM. BÄRENSPINNER

Merkmale: Spannweite 38-48 mm. Vorderflügel gelb mit zahlreichen kleinen, bräunlichen oder violetten Flecken; Hinterflügel rosa mit größeren schwarzen Flecken. Flugzeit VI-VII. Raupe dunkelgrau, am Rücken mit dichten braunen, an den Seiten mit silbrig weißen Haarbüscheln.

Vorkommen: Vorzugsweise an trockenwarmen Stellen, z.B. auf Trockenrasen, in Kiesgruben, an Wegrändern und in sandigen Heidegebieten, daneben aber auch auf Feuchtwiesen und in Mooren; ziemlich selten und in vielen Gegenden mit stark rückläufiger Bestandsentwicklung.

Wissenswertes: Die Raupe frisst an vielen verschiedenen krautigen und holzigen Pflanzen, mit Vorliebe aber an Labkraut-Arten. Sie überwintert klein am Boden oder im Innern hohler Pflanzenstängel, etwa von Disteln. RL, §!

Zimtbär
Phragmatobia fuliginosa BÄRENSPINNER

Merkmale: Spannweite 30-35 mm. Vorderflügel zimtbraun mit 1-2 kleinen, dunklen Punkten; Hinterflügel rosa bis rot mit schwarzen Flecken, die individuell stark variieren; Hinterleib ebenfalls rot-schwarz gefärbt. Flugzeit V-VIII.

Vorkommen: In sehr unterschiedlichen Lebensräumen, sowohl in trockenem und feuchtem, offenem Gelände als auch in Wäldern, auf Äckern und in Gärten; überall häufig.

Wissenswertes: Die Art bildet jährlich 2 Generationen aus. Die recht flinke Raupe ist grau gefärbt mit gelber Rückenlinie. In den jüngeren Stadien trägt sie eine relativ lockere, graubraune Behaarung, im letzten Stadium ist sie dann aber lang und dicht fuchsrot bis dunkelbraun behaart. Sie fällt besonders im Oktober/November auf, wenn sie sich im letzten Stadium auf die Suche nach einem geeigneten Winterquartier macht und dabei z.B. Wege überquert. Sie verpuppt sich gleich nach der Überwinterung.

Rotrandbär
Diacrisia sannio FAMILIE BÄRENSPINNER

Merkmale: Spannweite 33-45 mm. ♂ (Bild) deutlich größer als das ♀, Vorderflügel hellgelb mit leuchtend rosarotem Fleck und ebenso gefärbtem Hinterrandstreifen, Hinterflügel weißlich mit schwacher, dunkler Fleckung; beim ♀ Vorderflügel gelblich braun mit undeutlicher roter Zeichnung, Hinterflügel gelblich mit scharf abgesetztem, schwarzem Muster. Flugzeit V-VIII.

Vorkommen: Vorzugsweise in feuchtem bis mäßig trockenem, offenem Gelände, z.B. auf Streuwiesen an den Rändern von Mooren, auf Mähwiesen und in lichten Wäldern; in den meisten Gegenden ziemlich häufig.

Wissenswertes: Bei dieser Art findet man die Weibchen recht selten. Weitaus häufiger begegnet man den Männchen, die sich zwar tagsüber meist im Gras verbergen, aber sehr leicht aufscheuchen lassen. Die ausgesprochen flinke Raupe ist schwarzgrau gefärbt mit einem gelblichen Rückstreifen und trägt rotbraune Borsten. Sie ernährt sich von verschiedenen krautigen Pflanzen und überwintert als Jungraupe.

Gestreifter Grasbär
Spiris striata FAMILIE BÄRENSPINNER

Merkmale: Spannweite 30-35 mm. Vorderflügel auffallend schmal, hell gelblich mit feinen, schwarzbraunen Längsstreifen; Hinterflügel dottergelb mit breitem, schwarzem Randsaum. Flugzeit VI-VII. Raupe schwärzlich, an der Seite hellgrau getleckt, mit roter, scharf abgesetzter Rückenlinie.

Vorkommen: Auf sehr lückigen, warmen Trockenrasen, an steilen Kalkschotterhängen, in spärlich bewachsenen Sandheiden; insgesamt recht selten, nur stellenweise, v.a. im östl. D, etwas häufiger.

Wissenswertes: Die tagaktiven Falter sind recht scheu und fliegen bei der geringsten Störung sofort davon. Im Sitzen rollen sie ihre schmalen Flügel zigarrenartig um den Körper. Die Raupe ernährt sich vorwiegend von schmalblättrigen Gräsern, z.B. Schaf-Schwingel. Sie überwintert halbwüchsig und verpuppt sich meist im Mai. RL, §!

Russischer Bär *Callimorpha quadripunctaria* — FAMILIE BÄRENSPINNER

Merkmale: Spannweite 42-52 mm. Vorderflügel schwarz mit blaugrünem Schimmer und gelblich weißen, schrägen Querbinden, die nahe der Flügelspitze ein »V« bilden; Hinterflügel leuchtend rot mit 3-4 schwarzen Flecken. Flugzeit VII-IX. Raupe dunkelgrau mit gelben, Borsten tragenden Warzen und weißen Seitenflecken.
Vorkommen: An offenen Stellen in Laubwäldern, an Waldrändern, aber auch auf Trockenrasen und in aufgelassenen Weinbergen; v.a. in Wärmegebieten im südl. D, insgesamt nicht häufig, doch in manchen Jahren stellenweise recht zahlreich.

Wissenswertes: Die Falter sind bei sonnigem, warmem Wetter sehr flugaktiv und saugen besonders gern an blühendem Wasserdost, manchmal zeigen sie sich sogar – weitab von ihren eigentlichen Fluggebieten – in Gärten an Schmetterlingsflieder. Sie fliegen aber auch nachts und in der Dämmerung. In manchen Jahren neigt die Art zu ausgesprochenen Massenvermehrungen.
Ein sehr merkwürdiges Phänomen ist auf der Insel Rhodos zu beobachten. Dort versammeln sich alljährlich Tausende von Faltern dieser Art im so genannten Schmetterlingstal, um dort dicht aneinander gedrängt an Felsen eine Sommerruhepause zu verbringen.
Die Raupen entwickeln sich an den verschiedensten strauchigen und krautigen Pflanzen, mit besonderer Vorliebe aber an Himbeeren und Fuchs-Greiskraut *(Senecio fuchsii)*. Da sie einzeln leben und sich tagsüber meist verstecken, sind sie nicht leicht zu finden. Sie überwintern ziemlich klein am Boden und verpuppen sich meist im Juni. **§!**

Schönbär
Callimorpha dominula F. BÄRENSPINNER

Merkmale: Spannweite 45-55 mm. Vorderflügel schwarz mit noch stärkerem, blaugrünem Metallglanz als bei der Russische Bär und weißen, an der Flügelbasis gelben Flecken. Flugzeit VI-VIII.
Vorkommen: An feuchten Stellen in Wäldern, auch auf sumpfigen Wiesen und in Mooren; vorwiegend in bergigen Gegenden des südlichen D, hier gebietsweise ziemlich häufig, im nördlichen D hingegen selten.
Wissenswertes: Die Raupen des S. sind gelb gefärbt mit schwarzen Längsbinden und weißen, Borsten tragenden Warzen und erinnern damit in frappierender Weise an die Raupen des Maivogels (⇨S.170). Sie entwickeln sich an zahlreichen verschiedenen krautigen Pflanzen und Holzgewächsen. Die Jungraupen bleiben zunächst in einer dichten Gruppe beieinander und überwintern, noch recht klein, zwischen trockenen Blättern dicht über dem Boden. Nach der Überwinterung zerstreuen sie sich mehr und mehr; im letzten Raupenstadium leben sie schließlich einzelgängerisch. **§!**

Blutbär
Thyria jacobaeae FAM. BÄRENSPINNER

Merkmale: Spannweite 32-42 mm. Vorderflügel schwarzblau mit rotem Streifen und 2 roten Punkten. Flugzeit V-VIII. Raupen sehr auffällig schwarz-gelb geringelt.
Vorkommen: Überwiegend auf sonnigem, trockenem Ödland, auf Trockenrasen sowie an Weg- und Straßenrändern; im südlichen und mittleren D jahrweise in bestimmten Gebieten ziemlich häufig, nach N zu selten.
Wissenswertes: Die markant gefärbten Raupen leben gewöhnlich in größeren Gesellschaften an Kreuzkraut-Arten, insbesondere am Jakobs-Kreuzkraut *(Senecio jacobaea)*. Mit der Färbung signalisieren sie möglichen Fressfeinden ihre Giftigkeit, die auf Inhaltsstoffe ihrer Futterpflanzen zurückzuführen ist. Sie überwintern als Puppe in einem lockeren Gespinst. **(RL), §!**

BÄRENSPINNER 95

Rosenmotte
Miltochrista miniata F. BÄRENSPINNER

Merkmale: Spannweite 23-27 mm. Vorderflügel gelbbraun mit rosafarbenem Rand und schwarzem Schleifen- und Fleckenmuster; Hinterflügel weißlich. Flugzeit VI-VIII.
Vorkommen: Vor allem in warmen, etwas feuchten Wäldern und Gebüschen, aber auch an offenen Stellen; nicht häufig, doch an den Fundorten manchmal in größerer Anzahl.
Wissenswertes: Der vorwiegend nachtaktive Falter wird oft vom Licht angelockt. Manchmal saugt er auch tagsüber an Blüten. Die schwarzgrau gefärbte Raupe ist vorn lang und dicht schwarz, hinten etwas kürzer graubraun behaart. Sie lebt am Waldboden sowie an Baumstämmen und Zweigen und ernährt sich hier von Flechten, die auf der Rinde wachsen, und wahrscheinlich auch von Grünalgen. Man kann sie von August bis Juni finden; sie überwintert halb ausgewachsen in der Laubstreu. Die Verpuppung erfolgt am Boden oder an Baumrinde in einem dichten Gespinst. **(RL)**

Rotkragen-Flechtenmotte
Atolmis rubricollis FAM. BÄRENSPINNER

Merkmale: Spannweite 25-35 mm. Vorder- und Hinterflügel einfarbig schwarz; Hinterleibsende und Unterseite des Hinterleibs gelb, hinter dem Kopf ein leuchtend roter oder orangefarbener Halsring. Flugzeit V-VII.
Vorkommen: Vorzugsweise in trockenen oder wenig feuchten Laub- und Nadelwäldern, seltener auch in Moorwäldern und im offenen Bereich von Mooren sowie in Gärten und Streuobstwiesen; im süd- und mitteldeutschen Bergland verbreitet, im norddeutschen Flachland nur vereinzelt.
Wissenswertes: Die tag- und nachtaktiven Falter fliegen manchmal tagsüber um Baumwipfel und bilden dabei bisweilen richtige Schwärme. Auch an künstlichen Lichtquellen können die Tiere in größerer Anzahl erscheinen. Die hell gelbliche Raupe ist mit einem grauen Fleckenmuster gezeichnet und lebt auf Laub- und Nadelbaumzweigen vom Flechtenbewuchs. Die Überwinterung erfolgt als Puppe. **(RL)**

Stahlmotte
Lithosia quadra FAMILIE BÄRENSPINNER

Merkmale: Spannweite rund 40 mm. Beim ♂ Vorderflügel an der Basis dottergelb, in der Mitte gelbgrau, an der Spitze mit blassgelbem Saum, außer einem dunklen Strich an der Basis des Vorderrands ohne Zeichnungen; beim ♀ (Bild) Vorderflügel einheitlich blassgelb mit 2 blauschwarzen Flecken. Flugzeit VII-VIII. Raupe gelb, mit roten Punkten und dunklen Längsstreifen.
Vorkommen: In flechtenreichen Laub- und Nadelwäldern ebenso wie auf verbuschten Trockenrasen und im Siedlungsbereich; in M.-EU weit verbreitet und stellenweise nicht selten, doch in einigen Gegenden deutlich zurückgegangen.
Wissenswertes: Die Art neigt manchmal zu Massenvermehrungen, z.T. gemeinsam mit der Nonne (⇨S.82), ist in den Folgejahren dann aber wieder recht selten. Die Raupe lebt an Laub- und Nadelbäumen und ernährt sich von Flechten. **(RL)**

Felshalden-Flechtenbär
Setina roscida FAMILIE BÄRENSPINNER

Merkmale: Spannweite 23-27 mm. ♂ deutlich größer als das ♀; Vorder- und Hinterflügel ockergelb mit schwarzen Punkten. Flugzeit V-VIII.
Vorkommen: Nur an besonders warmen, felsigen oder steinigen Trockenhängen mit sehr lückiger Vegetation; in D vor allem im Nahe- und Maintal; am Kaiserstuhl bereits ausgestorben; sonst z.B. noch im Elsass und in Tirol, aber überall selten und oft in nur sehr kleinen Arealen.
Wissenswertes: Der Falter fliegt jährlich in 2 Generationen. Seine gelbliche, mit dunklen Längsbinden gezeichnete Raupe ernährt sich von Stein- und Erdflechten, vorzugsweise von Arten der sog. Bunten Erdflechtengesellschaft. **RL!**
Ähnlich: Der ein wenig größere **Trockenrasen-Flechtenbär** *Setina irrorella* hat meist ungefleckte gelbliche Hinterflügel, ist aber ansonsten sehr schwer vom F. zu unterscheiden. Er kommt, gebietsweise sogar ziemlich häufig, auf Trockenrasen und alpinen Grasheiden vor und tritt gelegentlich zusammen mit dem F. auf. Auch seine Raupe lebt von Erdflechten. **RL**

BÄRENSPINNER 97

Weißfleckwidderchen Syntomis phegea   FAMILIE WEISSFLECKWIDDERCHEN

Merkmale: Spannweite 35-40 mm. Vorder- und Hinterflügel blauschwarz mit weißen Flecken; Rumpf mit 2 gelben Ringen. Flugzeit VI-VIII. Raupe ähnlich einer Bärenspinnerraupe, dicht grau behaart, mit rotbraunem Kopf.

Vorkommen: An sonnigen Wald- und Wegrändern; in M.-EU selten, hier fast nur in ausgesprochenen Wärmegebieten, ganz vereinzelt auch im nördlichen und östlichen D, in den Südalpen und im Mittelmeergebiet dagegen ziemlich häufig.

zu beobachten. Sie setzen sich stets mit weit gespreizten Flügeln ab. Die Raupen fressen an verschiedenen Kräutern, z.B. Löwenzahn, Wegerich oder Labkraut, und bevorzugen dabei offenbar welke Blätter. Sie überwintern gemeinsam und verpuppen sich im Frühjahr in einem mit Haaren versetzten Gespinst. **RL, §!**

Verwandt: **Kammerjungfer** *Dysauxes ancilla,* etwas kleiner (Spannweite nur 25-30 mm), mit hellbraunen, weiß gefleckten Vorder- und ungefleckten Hinterflügeln; in D sehr selten. **RL, §!**

Wissenswertes: Die W. sind nicht näher mit den eigentlichen Widderchen, sondern mehr mit den Bärenspinnern (⇨ab S.88) verwandt, was vor allem bei der Raupe deutlich wird. Ihre größte Artenvielfalt erreicht die Familie in den Tropen und Subtropen. Die Falter zeigen einen leichten, schwirrenden Flug und sind tagsüber auf Blüten

Esparsettenwidderchen Zygaena carniolica   FAMILIE WIDDERCHEN

Merkmale: Spannweite 25-32 mm. Vorderflügel mit 6 weißlich umrandeten roten Flecken (bei norddeutschen Tieren Umrandung oft nur undeutlich); Hinterflügel rot mit schmalem, schwarzem Randsaum; hinter dem Kopf ein schmaler, heller Halsring. Flugzeit VI-VIII. Raupe gelb oder grünlich gefärbt, auf jedem Segment ein schwarzes, dreieckiges Fleckenpaar, davor jeweils ein Paar dunkler Streifen.

Vorkommen: Auf sonnigen, trockenen Magerrasen, an trockenen Waldrändern und lichten Gebüschen, vorwiegend auf Kalkböden; im südlichen D weit verbreitet, in manchen Gebieten (z.B. auf der Schwäbischen Alb) noch ziemlich häufig, in anderen, etwa am Oberrhein, schon recht selten geworden, gebietsweise sogar ganz verschwunden; im nördl. D nur wenige Fundorte.

Wissenswertes: Die Falter dieser Art sind manchmal in großer Zahl anzutreffen. Gegen Abend versammeln sie sich oft in größeren Gesellschaften an den Spitzen höher aufragender Pflanzen, etwa auf Esparsetten (Bild), um dort in einer gedrängten Gruppe die Nacht zu verbringen. Dieses

Verhalten, für das man derzeit noch keine schlüssige Erklärung hat, ist bei anderen Widderchenarten nur selten zu beobachten.

Ihre gelb gefärbten Eier legen die Weibchen in dichten Reihen an den Blattunterseiten der Raupenfutterpflanzen ab, meist an Esparsetten, seltener auch an anderen Schmetterlingsblütlern. Die Raupe schlüpft im Spätsommer, häutet sich dreimal und geht dann mit etwa 4-5 mm Körperlänge in die Winterruhe. Im Frühjahr frisst sie weiter, häutet sich noch einige Male, um sich schließlich ab Ende Mai in einem ziemlich festen, eiförmigen, gelblichen Kokon an einem Pflanzenstängel zu verpuppen (kleines Foto). Die meisten übrigen Widderchenraupen stellen hingegen, um sich zu verpuppen, spindelförmige Kokons her (⇨Bild S. 100,Sechsfleckwidderchen). **RL, §!**

WEISSFLECKWIDDERCHEN UND WIDDERCHEN 99

Bergkronwicken-Widderchen
Zygaena fausta   FAMILIE WIDDERCHEN

Thymianwidderchen
Zygaena purpuralis   FAM. WIDDERCHEN

Merkmale: Spannweite ca. 25 mm. Vorderflügel mit einem mehr oder weniger zusammenhängenden Muster aus roten, gelb umrandeten Flecken; Hinterleib mit breitem, rotem Ring. Flugzeit VII-VIII. Raupe hellgrün mit kleinem, rötlichem Nackenschild.

Vorkommen: An warmen, sonnigen Waldrändern; in D nur im süddeutschen Bergland, daneben u.a. im Schweizer Jura, im Tiroler Inntal und in den Südalpen; fast überall selten, doch an manchen Fundorten in großer Individuenzahl.

Wissenswertes: Dieses schönste aller heimischen Widderchen ist bei sonnigem, warmem Wetter sehr flugaktiv. Seine Raupe entwickelt sich bei uns hauptsächlich an der Berg-Kronwicke *(Coronilla coronata).* RL, §!

Merkmale: Spannweite 28-35 mm. Vorderflügel mit 3 breiten, roten Streifen, der mittlere nach außen hin deutlich erweitert. Flugzeit VI-VIII.

Vorkommen: An offenen, trockenen Stellen, vor allem im Bergland auf Trockenrasen, im südlichen und mittleren D vielerorts (z.B. auf der Schwäbischen Alb) immer noch eines der häufigsten Widderchen, in manch anderen Gegenden in letzter Zeit stark zurückgegangen.

Wissenswertes: Die gelbe bis bräunliche Raupe hat auf jedem Segment 1 Paar schwarzer Flecke. Sie entwickelt sich am Feld-Thymian. RL, §!

> *Ähnlich:* Das **Bibernellwidderchen** *Zygaena minos* ist als Falter vom T. nur durch eine Genitaluntersuchung zu bestimmen. Seine Raupe hingegen unterscheidet sich deutlich von der des T. durch ihre weißliche Färbung sowie durch ihre Futterpflanze, die Kleine Bibernelle *(Pimpinella saxifraga).* RL, §!

Sechsfleckwidderchen *Zygaena filipendulae*   FAMILIE WIDDERCHEN

Merkmale: Spannweite 30-38 mm. Vorderflügel mit 6 roten Flecken, Fühler an der Spitze schwarz. Flugzeit VI-VIII.

Vorkommen: In recht unterschiedlichen Lebensräumen, sowohl auf Trockenrasen und Wegböschungen als auch auf blütenreichen Mähwiesen und in Feuchtgebieten; in den meisten Gegenden die am häufigsten vorkommende Widderchen-Art.

Wissenswertes: Die Falter bewegen sich verhältnismäßig träge und sind zudem höchst auffällig gefärbt, werden aber dennoch kaum von Fressfeinden wie etwa Vögeln angegriffen. Grund hierfür ist ihr schwarz-rotes Farbmuster, das für die meisten Insekten fressenden Tiere Ungenießbarkeit symbolisiert. Die Körperflüssigkeit der Falter enthält, wie bei allen Widderchen, Blausäureverbindungen, die in der Tat ein Verzehren ungeraten erscheinen lassen.

Die grünlich gelbe Raupe trägt je 1 Paar schwarzer Striche und Flecke auf jedem Segment, im Unterschied zur Raupe des Esparsettenwidderchens (⇨ S.98) sind die Flecke aber mehr viereckig. Auch die Raupe ist giftig. Bei stärkerer Beunruhigung, etwa wenn sie mit einem spitzen Gegenstand gereizt wird, lässt sie an jedem Körperring 2 Tropfen ihrer hochgiftigen Körperflüssigkeit austreten. Diese Tropfen werden kurz darauf wieder zurückgezogen. Futterpflanzen der Raupe sind bei uns ausschließlich die beiden Hornklee-Arten *Lotus corniculatus* und *Lotus uliginosus.* Die Verpuppung findet in einem spindelförmigen Kokon statt, der oft auffallend zweifarbig ist (unten weißlich, oben gelbbraun). §!

> *Ähnlich:* Neben dem Veränderlichen und dem Hufeisenklee-Widderchen (beide ⇨ S.102) trägt auch das **Ungeringte Kronwickenwidderchen** *Zygaena angelicae* 6 (seltener 5) rote Flügelflecke. Es hat auffallend schmale Flügel und kommt in M.-EU sehr selten vor, und zwar an trockenwarmen Waldsäumen.

Veränderliches Widderchen
Zygaena ephialtes FAMILIE WIDDERCHEN

Merkmale: Spannweite 30-40 mm. Vorderflügel mit 6 roten Flecken; Fühlerspitzen weiß; Hinterleib mit roter Binde; gelegentlich auch Exemplare mit gelber oder weißer Zeichnung, die beiden Flecke an der Flügelbasis sowie der Hinterleibsring jedoch dann rot bzw. gelb. Flugzeit VI-VIII. Raupe gelb mit schwarzen Flecken und schwarzem Rückenstreif.

Vorkommen: An sonnigen, trockenen Stellen, z.B. Straßenböschungen oder Trockenrasen; recht selten.

Wissenswertes: Die weiß gefleckten Tiere dieser Art treten v.a. in den Südalpen und in S-EU auf. Sie erinnern stark an das Weißfleckwidderchen (⇨ S. 98), zumal bei ihnen die Hinterflügel gepunktet und nicht dunkel gesäumt sind. Die Raupen leben an der Bunten Kronwicke. **RL, §!**

Hufeisenklee-Widderchen
Zygaena transalpina FAM. WIDDERCHEN

Merkmale: Spannweite rund 30 mm. Sehr ähnlich dem Sechsfleckwidderchen (⇨ S. 100), doch Vorderflügel etwas schmäler und Fühler mit weißen Spitzen. Flugzeit VI-VIII.

Vorkommen: Auf Trockenrasen und an ähnlichen trockenwarmen Standorten; fast nur im südlichen D, aber beinahe überall ziemlich selten.

Wissenswertes: Wie auch viele andere Widderchen-Arten zeigen die Falter dieser Art eine Vorliebe für rote und violette Blüten und sind daher oft auf Skabiosen anzutreffen. Sie sitzen, ebenso wie das Veränderliche Widderchen und im Gegensatz zu den meisten anderen Arten, oft mit schräg abgespreizten Flügeln. Die gelb bis grünlich gefärbte Raupe trägt meist, aber nicht immer, eine dunkle Rückenlinie und hat ansonsten eine ähnliche Zeichnung wie die des Esparsettenwidderchens (⇨ S. 98). Sie entwickelt sich an Hufeisenklee, Hornklee oder Bunter Kronwicke. **RL, §!**

Beilfleckwidderchen
Zygaena loti FAMILIE WIDDERCHEN

Merkmale: Spannweite 27-30 mm. Vorderflügel mit 5 roten Flecken, da die beiden Flecke in der Flügelspitze zu einem einzigen, beilförmigen Zeichen verschmolzen sind; Beine weiß beschuppt, ♀ (Bild) mit 2 schmalen, weißen Halsringen, insgesamt deutlich heller als das ♂. Flugzeit V-VIII.

Vorkommen: Vorwiegend im süddeutschen Bergland auf Kalktrockenrasen; dort im Allg. nicht selten.

Wissenswertes: Die Art erscheint an ihren Fundorten immer etwa 2-3 Wochen vor den meisten übrigen Widderchen und ist oft schon daran gut zu erkennen. Sie ist wie fast alle *Zygaena*-Arten recht wärmebedürftig. An besonders wärmebegünstigten Standorten, etwa auf Südhängen der Schwäbischen Alb, kann man daher nicht selten viele verschiedene Widderchen-Arten nebeneinander beobachten, oft fast 10 von ihnen im gleichen Gelände und sogar mehrere auf der gleichen Blüte. Die grünliche Raupe ist mit gelben und schwarzen Punkten gezeichnet und entwickelt sich meist an Hufeisenklee oder Bunter Kronwicke. **RL, §!**

Kleines Fünffleckwidderchen
Zygaena viciae FAMILIE WIDDERCHEN

Merkmale: Spannweite ca. 25 mm. Vorderflügel mit nur 5 roten Flecken, etwas durchscheinend; Fühler auffallend dünn. Flugzeit VI-VIII. Raupe hellgrün mit weißer Rückenlinie, pro Segment je ein kleines schwarzes und gelbes Punktepaar.

Vorkommen: In recht verschiedenen offenen Lebensräumen, besonders auf blumenreichen Wiesen und Trockenrasen, aber auch in Feuchtgebieten; überall ziemlich häufig, neben dem Sechsfleckwidderchen (⇨ S. 100) wohl die häufigste Art der Gattung.

Wissenswertes: Die Raupe entwickelt sich an verschiedenen Schmetterlingsblütengewächsen wie Hornklee, Futter-Esparsette oder Wicken. Während der wärmeren Tageszeiten hält sie sich meist am Boden verborgen, gegen Abend, bei bedecktem Wetter auch tagsüber, klettert sie zum Fressen an ihrer Futterpflanze empor. **(RL), §!**

WIDDERCHEN 103

Hochalpenwidderchen
Zygaena exulans FAMILIE WIDDERCHEN

Merkmale: Spannweite ca. 30 mm. Vorderflügel mit 1 langen, schmalen und 4 mehr rundlichen Flecken; Beine weiß beschuppt; ♀ (Bild) mit einem in der Mitte unterbrochenen, weißen Halsring und deutlich helleren Flügeln als das ♂. Flugzeit VII-VIII. Raupe schwärzlich, gelbe Punktepaare auf jedem Segment.
Vorkommen: Nur in den Alpen und hier fast nur oberhalb der Waldgrenze bis in über 3000 m Höhe; in D verschollen, in den Zentralalpen (z.B. in Graubünden und Österreich) stellenweise sehr häufig.
Wissenswertes: Während alle übrigen heimischen Widderchen eine einjährige Entwicklungszeit haben, benötigt diese Art hierfür 2 Jahre. Daher tritt sie auch an den meisten Stellen alle 2 Jahre deutlich häufiger auf. Die Raupe ernährt sich von sehr verschiedenen Pflanzen. **RL! §!**

Trauerwidderchen
Aglaope infausta FAMILIE WIDDERCHEN

Merkmale: Spannweite rund 15 mm. Vorderflügel dunkel graubraun mit kurzen, roten Streifen am Rand der Flügelbasis; Hinterflügel rot mit schwarzem Saum. Flugzeit VI-VII. Raupe überaus farbenfroh gelb, violett, grau und schwarz gezeichnet.
Vorkommen: Auf sehr warmen, mit lockerem Gebüsch bewachsenen Trockenrasen; in D nur in Rheinland-Pfalz, außerdem im Elsass und Wallis, überall jedoch äußerst selten.
Wissenswertes: Die relativ unscheinbaren kleinen Falter sind recht träge, fliegen wenig und sind daher schwer zu entdecken. Ihre Raupe entwickelt sich an Schlehe, Weißdorn oder Felsenmispel. **(RL), §!**

Sonnenröschen-Grünwidderchen *Adscita geryon* FAM. WIDDERCHEN

Merkmale: Spannweite rund 20 mm. Vorderflügel einfarbig leuchtend goldgrün, Hinterflügel schwarzgrau; Fühler beim ♂ (rechts im Bild) deutlich kammförmig gefiedert, beim ♀ einfach fadenförmig. Flugzeit VI-VIII. Raupe rötlich braun mit 2 aus gelblichen oder weißgrauen Flecken zusammengesetzten Binden beiderseits der Rückenmitte.
Vorkommen: In recht unterschiedlichen Lebensräumen, zum einen auf warmen, mit lockerem Gebüsch bewachsenen Trockenrasen, zum andern aber auch auf hochalpinen Grasheiden, beweideten Almen und offenen Stellen in Bergwäldern; in D vor allem im Süddeutschen Bergland, aber auch in den Alpen weit verbreitet und gebietsweise keineswegs selten.
Wissenswertes: Die Art zeigt wie viele andere Widderchen eine deutliche Vorliebe für violette Blüten und ist außer auf Skabiosen besonders häufig auf Blüten der Alpen-Aster zu beobachten. Regelmäßig treffen sich dort, wie im Bild zu sehen, die Partner und paaren sich. Die länglichen, wenig strukturierten, gelben Eier werden wie bei allen Widderchen in Eispiegeln an die Blätter der Futterpflanze abgelegt, hier meist an Sonnenröschen. Die Jungraupen minieren zunächst in den Blättern, führen dann einen Schabefraß von einer Blattseite her aus und verzehren schließlich das ganze Blatt. Sie überwintern am Boden zwischen abgestorbenen Pflanzenresten und fertigen im Frühjahr einen lockeren Kokon, in dem die Verpuppung stattfindet. Anders als bei den Kokons der *Zygaena*-Arten ist durch seine Wand hindurch die braune Puppe deutlich zu erkennen. **RL, §!**
Ähnlich: In M-EU kommen noch 7 weitere Grünwidderchen-Arten vor, die z.T. nur durch mikroskopische Untersuchung sicher von der beschriebenen Art unterschieden werden können.

Tagfalter

Die Tagfalter sind die bei weitem bekanntesten Schmetterlinge, mit etwa 170 heimischen Arten aber keineswegs deren größte Gruppe. Als typische Merkmale sind ihnen die am Ende gekeulten Fühler sowie eine tagaktive Lebensweise gemeinsam. Die Dickkopffalter, die sich durch ihren untersetzten Körperbau und den auffallend großen Kopf etwas von den übrigen Tagfaltern unterscheiden, gelten als »Tagfalter im weiteren Sinn«, denen mit den Bläulingen, Augenfaltern, Edelfaltern, Weißlingen und Ritterfaltern die »Tagfalter im engeren Sinn« gegenüberstehen.
Die Raupen der Tagfalter zeigen sich recht verschieden gestaltet, tragen aber kaum einmal eine dichtere Behaarung. Bei den Puppen lassen sich Stürzpuppen und Gürtelpuppen unterscheiden. Erstere sind mithilfe von Häkchen am Hinterende in einem Gespinstpolster verankert, zweitere mit einem um die Körpermitte gelegten Gespinstband an der Unterlage fixiert. Viele der einst häufigen Arten wurden inzwischen selten. Wenn wir in unseren Gärten den Wildkräutern einen kleinen Freiraum gewähren, können sich dort aber auch heute noch schöne Falter entwickeln, etwa an Brennnesseln der Kleine Fuchs und einige seiner Verwandten.

Kleiner Fuchs auf Wasser-Dost

Rostfarbener Dickkopffalter Ochlodes venatus FAM. DICKKOPFFALTER

Merkmale: Spannweite 25-32 mm. Vorderflügel oberseits rostbraun mit dunklerem Saum und etwas verwaschenen gelblichen Würfelflecken, beim ♂ (kleines Foto) mit schrägem, dunklem Duftschuppenstreifen, der dem ♀ (großes Bild) fehlt; Flügelunterseite graubraun mit undeutlichen hellen Flecken. Flugzeit VI-VIII.
Vorkommen: An Waldwegen, auf Feuchtwiesen und Trockenrasen; fast überall ziemlich häufig.
Wissenswertes: Der Falter zeigt im Sitzen eine sehr charakteristische Flügelhaltung: Während er die Hinterflügel waagrecht ausbreitet, legt er die Vorderflügel eng an den Körper an und stellt sie mit den Außenkanten in einem Winkel von ungefähr 45 Grad hoch. Diese Sitzhaltung wird auch noch von einigen weiteren Arten von Dickkopffaltern eingenommen.

Der R.D. bringt im Jahr nur 1 Generation hervor. Die Raupenentwicklung erfolgt ausschließlich an Gräsern, z.B. an Knäuelgras, Pfeifengras und Fiederzwenke. Die halbkugeligen, glatten, weißen Eier werden einzeln auf den Blättern abgelegt. Sofort nach dem Schlüpfen beginnt die Jungraupe, den mittleren Teil des Grasblatts mithilfe quer gespannter Gespinstfäden zu einer Röhre zusammenzurollen. Von diesem Schlupfwinkel aus befrisst sie die Blattspitze. Die ältere Raupe besitzt wie bei den übrigen Arten dieser Familie eine untersetzte Gestalt. Sie ist kaum behaart, hellgrün gefärbt und hat einen dunkelbraunen, vorn mit 2 gelben Streifen gezeichneten Kopf. Bis zum Herbst erreicht sie das vorletzte Raupenstadium und baut die Blattröhre zu einem festeren Überwinterungsgespinst aus. Nach der Überwinterung frisst sie noch kurz und verpuppt sich dann in einem dichten, außen von Blättern umgebenen Gespinst. Die fast schwarze Puppe steht aufrecht in diesem Kokon.

Kommafalter
Hesperia comma FAM. DICKKOPFFALTER

Merkmale: Spannweite 25-30 mm. Recht ähnlich dem Rostfarbenen Dickkopffalter, doch insgesamt etwas kontrastreicher gezeichnet; Flügelunterseite mit scharf abgesetzten, weißen Würfelflecken. Flugzeit VI-IX. Raupe schwarzgrau mit glänzendem, dunklem Kopf.
Vorkommen: Vorwiegend an trockenen, sonnigen Orten, besonders auf Trockenrasen, seltener auch auf etwas feuchten Wiesen; nicht häufig und gebietsweise stark zurückgegangen.
Wissenswertes: Diese Art wird oft mit dem häufigeren Rostfarbenen Dickkopffalter verwechselt. Wie dessen Raupe lebt auch die des K. an Gräsern, besonders an isoliert stehenden, kleinen Horsten des Schaf-Schwingels. Die ziemlich großen, glatten, weißen Eier werden einzeln an Grasblätter geheftet, wo sie überwintern. Die Raupe spinnt mehrere Grashalme zu einem »Zelt« zusammen. Im Jahr fliegt nur eine Generation. RL

Gelbwürfeliger Dickkopffalter
Carterocephalus palaemon DICKKOPFF.

Merkmale: Spannweite 22-28 mm. Grundfärbung der Flügeloberseite dunkelbraun mit kontrastreich abgesetzten, gelbroten Würfelflecken, diese auf den Vorderflügeln zahlreicher als auf den Hinterflügeln. Flugzeit IV-VII.
Vorkommen: Besonders auf feuchten Waldlichtungen, auch an trockenen Waldrändern, nicht aber in offenem Gelände; fast überall recht häufig
Wissenswertes: Der Falter stellt in der Ruhehaltung seine Vorderflügel nicht nach Art der beiden anderen auf dieser Seite vorgestellten Arten schräg auf, sondern breitet sie neben den Hinterflügeln flach aus. Auch diese Art entwickelt sich an Gräsern. Die grüne, hell längsgestreifte Raupe rollt das Grasblatt zu einer ziemlich offenen Röhre ein und frisst aus der Blattfläche vom Rand her dreieckige Stücke heraus. Schon nach kurzem sucht sie sich bereits ein neues Blatt. Sie überwintert im letzten Stadium in der fester zusammengesponnenen Blattröhre und nimmt dabei eine gelbbraune Färbung an. Die Art fliegt in einer Jahresgeneration. (RL)

DICKKOPFFALTER 109

Dunkler Dickkopffalter
Erynnis tages FAMILIE DICKKOPFFALTER

Merkmale: Spannweite 23-26 mm. Vorderflügel oberseits graubraun mit verwaschenen, dunkleren Querbinden; Hinterflügel fast einfarbig dunkelgrau. Flugzeit IV-VIII. Raupe grün mit braunem Kopf.
Vorkommen: An sonnigen Wald- und Wegrändern sowie auf lückigen Trockenrasen; in den meisten Gegenden nicht selten.
Wissenswertes: Die Falter fliegen in wärmeren Gebieten in 2 Generationen pro Jahr, in kälteren nur in einer. Sie setzen sich bevorzugt an offenen Bodenstellen ab und sind dort aufgrund ihrer Färbung schwer zu entdecken. Die stark gerippten, grauen Eier werden einzeln auf Blättern der Raupenfutterpflanzen, verschiedenen Schmetterlingsblütengewächsen, abgelegt. Die Raupe verspinnt mehrere Blätter zu einem Schlupfwinkel. In einem solchen Gespinst überwintert sie auch. **(RL)**

Malven-Dickkopffalter
Carcharodus alceae F. DICKKOPFFALTER

Merkmale: Spannweite 23-30 mm. Flügel oberseits mit einem hellbraun, dunkelbraun und grau gemischten Fleckenmuster, dazu mit leuchtend weißen Streifen im Vorderflügel. Flugzeit IV-IX. Raupe grau getönt mit schwarzem Kopf und gelbem Nacken.
Vorkommen: An Ruderalstellen in trockenwarmen Gebieten, z.B. in Sandgruben und am Rand von Trockenrasen; in M.-EU ziemlich selten, im Mittelmeergebiet häufig.
Wissenswertes: Der Wärme liebende Falter tritt überall in 2-3 Generationen auf. Seine Raupe entwickelt sich an Eibisch und verschiedenen Malven-Arten. Die stark gerippten, grauen Eier werden auf der Blattoberseite abgelegt und sind hier leicht zu finden. Die Raupe verspinnt mehrere Blätter miteinander zu ihrem Schlupfwinkel, in dem sie auch überwintert. **RL, §!**

Kleiner Würfeldickkopf
Pyrgus malvae FAM. DICKKOPFFALTER

Merkmale: Spannweite 18-22 mm. Flügel oberseits dunkelbraun mit zahlreichen weißen Würfelflecken, unterseits graubraun mit weniger deutlichen Zeichnungen. Flugzeit IV-VIII. Raupe grün oder bräunlich mit schwarzem Kopf.
Vorkommen: Auf feuchten wie auf trockenen Wiesen, ebenso an Waldrändern und auf Magerrasen; fast überall ziemlich häufig.
Wissenswertes: Die Art wird fälschlicherweise oft als Malvendickkopf bezeichnet. Sie entwickelt sich aber ausschließlich an Rosengewächsen, insbesondere an Fingerkräutern und Wald-Erdbeeren. Die Raupe rollt Teile eines Blatts zu einer Tüte zusammen, in der sie sich verbirgt. Später verspinnt sie auch mehrere Blätter miteinander zu einem Versteck. Die Überwinterung erfolgt beim K.W. als Puppe. Meist bringt die Art 1 Generation im Jahr hervor, nur ausnahmsweise können es auch 2 sein. **(RL), §!**

Roter Würfeldickkopf
Spialia sertorius FAM. DICKKOPFFALTER

Merkmale: Spannweite 22-24 mm. Flügeloberseite ähnlich wie beim Kleinen Würfeldickkopf, aber die hellen Flecke weniger zahlreich. Bestes Unterscheidungsmerkmal ist die zimtrote, weiß gefleckte Unterseite der Hinterflügel. Flugzeit V-VIII.
Vorkommen: In sehr lückig bewachsenen, warmen Trockengebieten, vor allem auf felsigen Trockenrasen; nicht häufig.
Wissenswertes: Die dunkelköpfige, graue Raupe ist deutlich behaart und mit 2 gelben Längsbinden sowie einem rötlichen Nackenfleck auffällig gezeichnet. Sie entwickelt sich ausschließlich an Kleinen Wiesenknopf, wo sie zunächst an den Blütenständen, später an den Blättern frisst. Die Art bringt 1, gelegentlich auch 2 Generationen im Jahr hervor. **§!**
Ähnlich: Mehrere weitere Würfeldickkopf-Arten, die auf der Flügeloberseite ähnlich gezeichnet sind, sich aber durch die mehr bräunliche oder graugrüne Unterseite der Hinterflügel gut unterscheiden lassen. **(RL)**

DICKKOPFFALTER 111

Nierenfleck-Zipfelfalter *Thecla betulae* FAMILIE BLÄULINGE

Links: asselförmige Raupe; rechts: Flügelunterseite beim ♀

Merkmale: Spannweite 32-37 mm. Hinterflügel mit gebogenem, zipfelförmigem Fortsatz; Flügeloberseite dunkelbraun, beim ♀ (großes Foto) mit nierenförmigem, orangefarbenem Fleck, der dem ♂ fehlt; Unterseite beim ♀ (kleines Foto) leuchtend orange, beim ♂ ockerfarben. Flugzeit VII-X. Raupe asselförmig, hellgrün mit gelblichen Streifen.
Vorkommen: An Wald- und Wegrändern, an Feldhecken und regelmäßig auch in Gärten; in M.-EU weit verbreitet und überall ziemlich häufig.

Wissenswertes: Der sehr markant gefärbte, zu den größten Bläulingen zählende Falter wird trotz seiner Häufigkeit nur selten beobachtet, da er zum einen erst spät im Jahr fliegt (die meisten im August/September) und zum andern sich vorwiegend in der Wipfelregion von Sträuchern und Bäumen aufhält. Die Weibchen legen ihre 1 mm großen Eier einzeln an Zweigen verschiedener Rosengewächse, besonders von Schlehen und Zwetschgen, ab, wo sie im Winter als leuchtend weiße Punkte sehr leicht zu finden sind. Wer sie einmal gesehen hat, wird sie später an fast jeder Schlehenhecke wiederfinden und sich so ein Bild von der wahren Häufigkeit dieses Falters machen können. Die Raupe schlüpft kurz vor dem Austreiben der Futterpflanze, bohrt sich zunächst in eine Knospe ein und frisst später frei an den Blättern, wo sie aber aufgrund ihrer Färbung sehr schwer zu entdecken ist. Im Frühsommer häutet sie sich am Boden unter Falllaub zu einer braunen, dunkler gesprenkelten, rundlichen Puppe. §!

Blauer Eichenzipfelfalter *Neozephyrus quercus* FAMILIE BLÄULINGE

Beim ♀ beschränkt sich das Blau auf 2 Flügelflecke.

Merkmale: Spannweite 28-33 mm. Flügeloberseite beim ♂ (großes Bild) leuchtend blau mit schmalem, schwarzem Rand, beim ♀ (kleines Bild) schwarzbraun mit 2 blauen Flecken im Vorderflügel; Unterseite hellgrau mit einer w-förmigen, weißen Zackenbinde im äußeren Drittel und einem gelbroten Augenfleck am Ansatz des »Zipfels«. Flugzeit VI-VIII.
Vorkommen: An besonnten Waldrändern, in lichten Laubwäldern und in der Umgebung einzelner, frei stehender Eichen; in EU einschließlich dem Mittelmeergebiet allgemein verbreitet und vielerorts durchaus häufig.

Wissenswertes: Auch dieser schöne Falter ist trotz seiner Häufigkeit nicht oft zu beobachten, da er sich vorzugsweise in der Kronenregion von Eichen aufhält und nur selten, etwa zum Saugen an Wasserpfützen, bis zum Erdboden herabkommt. Er ernährt sich offenbar hauptsächlich vom Honigtau der Blattläuse. Nur gelegentlich kann man ihn auch an Blüten, z.B. an Disteln oder Doldengewächsen, beobachten. Die Eier werden vom Weibchen an die unteren Zweige sonnig stehender, alter Eichen abgelegt, und zwar stets an die auffallend dicken Kospen, die im nächsten Jahr Blütenrispen ergeben. Die überwinternden Eier sind wie die des Nierenfleck-Zipfelfalters in der kalten Jahreszeit leicht zu finden. Die braune, mit weißen und dunkelbraunen Schrägstreifen gezeichnete Raupe schlüpft mit dem Laubaustrieb, befrisst aber fast ausschließlich die Blütenstände ihrer Futterpflanze. Erst wenn keine Blüten mehr zu finden sind, geht sie auch an die Blätter des Baums. Etwa Anfang Juni ist sie ausgewachsen. Nun lässt sie sich zu Boden fallen, wo in der Laubschicht die Verpuppung erfolgt. §!

BLÄULINGE 113

Kreuzdorn-Zipfelfalter
Satyrium spini FAMILIE BLÄULINGE

Merkmale: Spannweite 27-32 mm. Flügel oberseits dunkelbraun, Unterseite der Hinterflügel mit weißer, etwas gezackter Binde, im Hinterwinkel mit blauem Fleck und davor orangefarbigen Randzeichnungen. Flugzeit VI-VII.
Vorkommen: Auf steinigen oder felsigen Trockenrasen und an sonnigen, warmen Waldrändern; insgesamt ziemlich selten, doch an einzelnen Fundorten manchmal recht zahlreich.
Wissenswertes: Der Falter ist oft beim Blütenbesuch, beispielsweise an Thymian, Dost oder Großer Fetthenne, zu beobachten. Futterpflanze der Raupe ist der Purgier-Kreuzdorn. Die Eiablage erfolgt in kleinen Gruppen von meist 2-6, gelegentlich auch über 10 Eiern an die Zweige meist sehr kleiner Büsche der Futterpflanze. Die weißen, deutlich abgeflachten Eier sind dort im Winter leicht zu entdecken. Die bereits fertig entwickelten, gelbgrünen Raupen verlassen die Eihüllen im April oder Mai. **RL, §!**

Ulmenzipfelfalter
Satyrium w-album FAMILIE BLÄULINGE

Merkmale: Spannweite 27-30 mm. Hinterflügel mit einem sehr kurzen und einem längeren Zipfel; Flügel oberseits schwarzbraun, Hinterflügel unten mit weißem »W« und orangefarbener Randbinde. Flugzeit VI-VIII. Raupe asselförmig, grün.
Vorkommen: An Waldrändern, in Parkanlagen und auf Trockenrasen; im Allg. nicht selten, doch regional stark zurückgegangen.
Wissenswertes: Die Falter saugen gern an weißen Blüten, besonders an verschiedenen Doldengewächsen. Als Futterpflanzen der Raupen dienen Ulmen. Die Eier weichen durch ihre scheibenartig abgeflachte Form von anderen Bläulingseiern ab. Sie werden einzeln an den Blütenknospen größerer Ulmen abgelegt. Die Raupen verlassen bereits im März die Eihüllen und fressen zunächst im Innern der Knospen. Später halten sie sich meist auf der Blattoberseite auf. **RL, §!**

Pflaumenzipfelfalter
Satyrium pruni FAMILIE BLÄULINGE

Merkmale: Spannweite 25-28 mm. Flügel oberseits dunkelbraun, beim ♀ immer, beim ♂ oft mit gelbroten Zeichnungen; Unterseite der Hinterflügel mit breiter, orangefarbener Randbinde und sehr schmaler, weißer Zackenbinde. Flugzeit V-VII.
Vorkommen. An Waldrändern, Feldhecken und in Gärten nicht selten, doch meist nur in geringer Individuendichte.
Wissenswertes: Die wenig gezeichnete, hellgrüne Raupe entwickelt sich an verschiedenen Gehölzen der Gattung *Prunus*, vorzugsweise an Schlehe und Zwetschge. Die an den Zweigen abgelegten, überwinternden Eier sind bräunlich gefärbt und nur schwer zu entdecken. Die Raupen fressen zunächst an Blütenknospen, später an Blüten und erst danach auch an den Blättern. Die an einem Zweig festgesponnene Puppe (kleines Foto) erinnert an Vogelkot. **(RL), §!**

Brombeerzipfelfalter
Callophrys rubi FAMILIE BLÄULINGE

Merkmale: Spannweite 24-28 mm. Hinterflügel nur andeutungsweise mit Zipfeln; Flügel oberseits schwarzbraun, unterseits leuchtend grün mit feinen, weißen Stricheln, die gelegentlich fehlen können. Flugzeit IV-VII. Raupe grün, mit dunklen und gelblichen Schrägstreifen gezeichnet.
Vorkommen: An Waldrändern und auf verbuschten Trockenrasen ebenso wie im Randbereich von Mooren oder auf Bergwiesen; früher fast überall häufig, in der letzten Zeit aber in vielen Gegenden deutlich zurückgegangen.
Wissenswertes: Der unverwechselbare Schmetterling ist im Gegensatz zu allen übrigen Zipfelfaltern ein ausgesprochener Frühlingsfalter. Seine Raupe kann sich an verschiedenen Schmetterlingsblütengewächsen, doch auch an Kreuzdorn, Sonnenröschen, Heidekraut und vielen anderen Pflanzen entwickeln. Die Verpuppung erfolgt am Boden, und die Puppe überwintert. **(RL), §!**

BLÄULINGE 115

Dukatenfalter *Lycaena virgaureae*   FAMILIE BLÄULINGE

Merkmale: Spannweite 27-32 mm. Flügel beim ♂ (linkes Foto) oberseits leuchtend orange mit schmalem, schwarzem Rand und einer Reihe schwarzer Punkte am Rand des Hinterflügels, gelegentlich mit schwarzem Strich in der Mitte des Vorderflügels; ♀ (Zeichnung oben) oberseits matt orange mit zahlreichen dunklen Flecken und mehr oder weniger ausgedehnter, dunkler Übergießung, besonders auf den Hinterflügeln; Unterseite der Hinterflügel (rechtes Foto) bei beiden Geschlechtern bräunlich mit wenigen kleinen, dunklen Flecken und einer markanten, weißen Fleckenreihe (sicherstes Merkmal, um die Art von anderen Feuerfaltern zu unterscheiden). Flugzeit VI-VIII.
Vorkommen: Vor allem im Bergland, seltener auch im Flachland auf Waldlichtungen und blütenreichen Waldwiesen, überall jedoch deutlich zurückgegangen, gebietsweise schon ganz verschwunden. Besonders gravierend ist der Rückgang in der Norddeutschen Tiefebene und im Oberrheintal.
Wissenswertes: Die Falter saugen besonders gern auf Korbblütengewächsen (der Artname *virgaureae* nach der Goldrute nimmt hierauf Bezug), Dolden- und Lippenblütengewächsen. Raupennährpflanzen sind der Große und Kleine Sauerampfer. Die Eier werden einzeln abgelegt, meist an dürren Stängeln der Futterpflanze. Die einfarbig grüne Raupe ist nachtaktiv und daher nur schwer zu finden. Sie überwintert, anders als bei allen übrigen verwandten Feuerfaltern, fertig entwickelt in der Eihülle. Gelegentlich soll sie aber auch bereits vor dem Winter schlüpfen. **RL, §!**

Großer Feuerfalter *Lycaena dispar*   FAMILIE BLÄULINGE

Merkmale: Spannweite 27-33 mm. Sehr ähnlich dem Dukatenfalter, doch ♂ (linkes großes Foto) oberseits immer mit einem deutlichen, dunklen Strich in der Mitte des Vorderflügels und einem etwas schwächeren im Hinterflügel; ♀ (rechtes großes Foto) etwas kräftiger orange als beim Dukatenfalter und statt zweier nur mit einer dunklen Punktreihe parallel zum Außenrand des Vorderflügels. Sicherste Unterscheidung durch die Unterseite der Hinterflügel: Diese hell silbergrau mit kräftigen, schwarzen Punkten und einer gelbroten Randbinde (Foto oben). Flugzeit V-VIII.
Vorkommen: Auf Feuchtwiesen in den Flussauen, besonders entlang der großen Stromtäler; infolge von Entwässerung überall stark zurückgegangen und daher hochgradig gefährdet.
Wissenswertes: Der G.F. bildet in EU mehrere Unterarten aus: Die in England beheimatete *L. dispar dispar* übertraf alle übrigen deutlich an Größe, ist aber bereits um 1850 ausgestorben. Die westeurop. Unterart *L. dispar batava*, die z.B. in Holland vorkommt und in England angesiedelt wurde, fliegt nur in 1 Generation, ist leuchtender gefärbt und ebenfalls größer als die bei uns vorkommende Unterart. Die mitteleuropäische und bis nach O-EU verbreitete *L. dispar rutilus* fliegt fast überall in 2 Jahresgenerationen.
Raupennährpflanzen sind verschiedene Ampfer-Arten. Die Eier werden meist zu 2-5 oberseits an der Blattmittelrippe abgelegt. Die einfarbig grünen Raupen befressen zunächst die Blattunterseite, später die ganze Blattfläche und verpuppen sich in eine kopfunter festgesponnene Gürtelpuppe. Die Raupen der 2. Generation überwintern noch recht klein zwischen dürren Blättern. **RL, §!**

Kleiner Feuerfalter
Lycaena phlaeas FAMILIE BLÄULINGE

Merkmale: Spannweite 22-27 mm. Beide Geschlechter gleich gefärbt. Oberseite der Vorderflügel orange mit schwarzen Punkten, der Hinterflügel dunkelbraun mit gelbroter Randbinde; Unterseite der Hinterflügel fast einfarbig graubraun mit dunklen Punkten. Flugzeit IV-X. Raupe grün, mit 3 leuchtend roten Längsbinden gezeichnet.

Vorkommen: Vorwiegend an sonnigen, schwach bewachsenen Stellen, besonders an Wegrändern, in Sandgruben und auf sandigem Ödland; überall ziemlich häufig.

Wissenswertes: Die Raupe entwickelt sich meist am Kleinen Sauerampfer, seltener an anderen Ampfer-Arten. Gewöhnlich hält sie sich an der Blattunterseite der Futterpflanze auf. Der Falter fliegt in 2-3, manchmal sogar in 4 Generationen pro Jahr, Überwinterungsstadium ist die Raupe. §!

Kleiner Ampferfeuerfalter
Lycaena hippothoe FAMILIE BLÄULINGE

Merkmale: Spannweite 28-32 mm. ♂ oberseits leuchtend orange mit je nach Lichteinfall wechselndem, violettem Schiller, ♀ matt orange mit dunklen Flecken; Unterseite der Hinterflügel grau mit gelbroter Randbinde und schwarzen, weiß umrandeten Punkten. Flugzeit V-VIII. Raupe einfarbig grün.

Vorkommen: Auf Feuchtwiesen mit Sauerampfer-Beständen; durch die Trockenlegung von Feuchtgebieten vielerorts stark zurückgegangen, am häufigsten noch in Mittelgebirgen und im Alpenvorland.

Wissenswertes: Futterpflanze der Raupe ist der Große Sauerampfer. Sie frisst nur nachts und hält sich tagsüber verborgen. Die Art fliegt nur in 1 Generation pro Jahr, die Jungraupe überwintert. In den Hochalpen fliegt eine Unterart, deren Männchen der violette Schiller fehlt. RL, §!

Brauner Feuerfalter *Lycaena tityrus* FAMILIE BLÄULINGE

Merkmale: Spannweite 23-30 mm. Geschlechter sehr verschieden gefärbt: ♂ (linkes großes Bild) oberseits dunkelbraun mit leicht violettem Schimmer und nur ganz schwach entwickelten schwarzen und gelbroten Zeichnungen; ♀ (rechtes großes Bild) orangefarben mit schwarzen Punkten und dunkelbrauner Übergießung; Flügelunterseite (linkes kleines Foto) in der Grundfärbung hell graubraun mit etwas gelblicher Tönung, Hinterflügel mit gelbroter Randbinde und dunklen Punkten. Flugzeit V-IX.

Vorkommen: Vor allem auf Feuchtwiesen in den Flusstälern, daneben aber auch auf trockenen Magerrasen; nicht häufig, vor allem in intensiv bewirtschafteten Gebieten in den letzten Jahren deutlich zurückgehend.

Wissenswertes: Die Art bildet pro Jahr 2 Generation aus, in höheren Lagen nur eine. Die Falter besuchen besonders gern Korbblütler, doch auch Lippenblütler sowie Vertreter anderer Pflanzenfamilien. Die einfarbig grüne Raupe entwickelt sich am Großen und Kleinen Sauerampfer und ist durch ihre Färbung nur sehr schwer zu finden. Das weißliche, halbkugelige Ei (rechtes kleines Foto) gehört zu den schönsten Bläulingseiern. Es trägt zahreiche, jeweils zur Mitte eingesenkte Grate, die seine Oberfläche in lauter sechseckige Felder einteilen. (Ganz ähnlich sind auch die Eier des Dukatenfalters, ⇨ S.116, strukturiert). §!

> *Ähnlich:* Das ♂ des B.F. ist leicht mit dem ♀ des **Violetten Feuerfalters** *Lycaena alciphron* zu verwechseln, dem aber die orangen Punkte am Rand der Vorderflügel fehlen. Das ♂ dieser Art ist dagegen oberseits orange mit intensiv violett schimmernder Übergießung. Der seltene Falter fliegt an offenen Stellen im höheren Bergland (z.B. im Schwarzwald). Seine Raupe frisst ebenfalls an Ampfer-Arten. RL, §!

BLÄULINGE 119

Gewöhnlicher Bläuling
Polyommatus icarus FAMILIE BLÄULINGE

Merkmale: Spannweite 25-30 mm. Unterseite der Hinterflügel ohne auffallenden weißen Fleck; Oberseite beim ♂ leuchtend himmelblau, ohne deutlichen dunklen Rand, beim ♀ dunkelbraun mit roten Randflecken. Flugzeit V-X. Raupe asselförmig, hellgrün mit gelblichen Zeichnungen, oft mit gelber Seitenlinie.

Vorkommen: In offenem, trockenem oder etwas feuchtem Gelände überall häufig; trotz Rückgang immer noch häufigster heimischer Bläuling.

Wissenswertes: Die Raupe entwickelt sich an verschiedenen Schmetterlingsblütlern. Sie wird meistens von Ameisen begleitet. Die bräunliche, am Boden liegende Puppe hat keinen Gürtel. Normalerweise fliegen die Falter jährlich in 2, in besonders warmen Gebieten auch in 3 Generationen. Überwinterungsstadium ist die Raupe. §!

Silbergrüner Bläuling
Polyommatus coridon FAM. BLÄULINGE

Merkmale: Spannweite 30-35 mm. Unterseite der Hinterflügel in der Mitte mit weißem, herzförmigem Fleck; Flügeloberseite beim ♂ (Bild) mit sehr hellem Blauton, am Rand des Hinterflügels dunkle Punkte; ♀ oberseits dunkelbraun, auch unterseits deutlich dunkler als das ♂. Flugzeit VII-IX. Raupe grün mit gelben Flecken.

Vorkommen: Auf Trockenrasen und trockenem, sonnigem Ödland, nur auf kalkreichem Untergrund; im süddt. Bergland und in den Alpen ziemlich häufig, doch in manchen Gebieten deutlich zurückgehend, nach N bis zu den Mittelgebirgen.

Wissenswertes: Die Raupen entwickeln sich meist am Hufeisenklee. Sie werden fast immer von zahlreichen Ameisen begleitet. Man findet sie am leichtesten, wenn man im Frühjahr die Polster der Futterpflanze etwas anhebt und am Boden nach Ansammlungen von Ameisen sucht. §!

Rotkleebläuling
Polyommatus semiargus F. BLÄULINGE

Merkmale: Spannweite 25-30 mm. Flügeloberseite beim ♂ leuchtend himmelblau mit einem deutlichen schwarzen Randsaum, beim ♀ einfarbig schwarzbraun; Unterseite grau mit weiß umringten, schwarzen Punkten, ganz ohne rote Zeichnungen. Flugzeit V-IX. Raupe dicklich, grün mit nur schwach entwickelten, helleren Zeichnungen.

Vorkommen: Auf blütenreichen, sowohl feuchten wie auch trockenen Wiesen; in M.-EU weit verbreitet, aber vielerorts selten geworden; im Gebirge bis in über 2000 m Höhe.

Wissenswertes: Die Raupe entwickelt sich offenbar ausschließlich an rotblütigen Klee-Arten. Die Eiablage erfolgt ins Innere der Blütenköpfe und die Raupe frisst zunächst Blüten, später Blätter. Sie stellt das Überwinterungsstadium dar. Der Falter fliegt gewöhnlich jährlich in 2, in höheren Lagen nur in 1 Generation. **(RL), §!**

Weißdolchbläuling
Polyommatus damon FAM. BLÄULINGE

Merkmale: Spannweite 34-38 mm. Unterseite der Hinterflügel braun mit einem dolchförmigen, weißen Streifen. Oberseite beim ♂ hellblau mit breitem, dunklem Rand, beim ♀ (Bild) dunkelbraun. Flugzeit VII-VIII.

Vorkommen: Auf lückigen warmen Trockenrasen mit reichen Beständen der Esparsette; fast überall selten geworden und über weite Strecken schon ganz verschwunden.

Wissenswertes: Die Raupe entwickelt sich an Esparsette-Arten. Der Falter kommt nur dort vor, wo Pflanzen dieser Gattung noch dichte Bestände bilden. Bei zu starkem Verbiss durch Weidetiere verschwinden Esparsetten aber ebenso wie auf unbeweideten oder gar nicht gemähten Flächen. Das Überleben dieser Schmetterlingsart hängt daher entscheidend von der Aufrechterhaltung der früher üblichen extensiven Bewirtschaftung ihrer Lebensräume ab. Die Raupen fressen an Blüten und Blättern und sind fast immer von zahlreichen Ameisen umgeben, die ihre zuckerhaltigen Ausscheidungen aufnehmen. **RL! §!**

BLÄULINGE 121

Zahnflügelbläuling
Polyommatus daphnis FAM. BLÄULINGE

Merkmale: Spannweite 30-35 mm. Hinterrand der Hinterflügel beim ♀ (Bild) stark eingekerbt und dadurch 2 deutliche Zähne bildend, beim ♂ Einkerbung nur schwach entwickelt. Flügeloberseite beim ♂ hellblau gefärbt, beim ♀ dunkelbraun mit mehr oder weniger ausgedehnter blauer Bestäubung; Flügelunterseite beim ♀ hellgrau, beim ♂ mehr bräunlich mit schwarzen Punkten. Flugzeit VI-VIII.
Vorkommen: An warmen Waldsäumen, auf Magerrasen und in Steinbrüchen; aus M.-EU nur von wenigen klimatisch begünstigten Stellen bekannt (z. B. Maintal, Fränkische Alb und Wallis).
Wissenswertes: Die grüne, mit paarigen, gelben Rückenflecken gezeichnete Raupe lebt an der Bunten Kronwicke, in der S-Schweiz hingegen in erster Linie am Esparsetten-Tragant *(Astragalus onobrychis)*. Im Gegensatz zu den Raupen der übrigen *Polyommatus*-Arten wird sie nicht von Ameisen begleitet. RL, §!

Kronwickenbläuling
Plebeius argyrognomon FAM. BLÄULINGE

Merkmale: Spannweite 30-35 mm. Ähnelt dem Gewöhnlichen Bläuling (⇨ S. 120), doch etwas größer und in der orangefarbenen Randbinde der Flügelunterseite mit blauen, silbern glänzenden Flecken; Flügeloberseite beim ♀ (Bild) meist stark blau bestäubt, oft fast ganz blau. Flugzeit V-IX.
Vorkommen: Vorzugsweise in Weinbaugebieten an blütenreichen Waldrändern und auf Trockenwiesen; Verbreitungsschwerpunkt in SO-EU, in M.-EU ziemlich selten.
Wissenswertes: Die Art fliegt alljährlich in 2 Generationen. Hauptfutterpflanze der grünen, nur schwach heller gezeichneten Raupe ist die Bunte Kronwicke, gelegentlich frisst sie auch an Bärenschote. Zur Verpuppung befestigt sie sich mit einem Gürtelfaden an Pflanzenteilen. Überwinterungsstadium ist das Ei.
In der S-Schweiz tritt die Art stets mit braun gefärbten Weibchen auf, denen eine blaue Überstäubung gänzlich fehlt. RL, §!

Geißkleebläuling *Plebeius argus* FAMILIE BLÄULINGE

Merkmale: Mit einer Flügelspannweite von nur 20-23 mm ein auffallend kleiner Bläuling; Unterseite der Hinterflügel mit orangefarbenen und blauen Randflecken; Flügeloberseite des ♂ (linkes Foto) hellblau mit breitem, dunklem Rand, beim ♀ dunkelbraun mit roten Randflecken. Flugzeit V-VIII. Raupe grün oder rötlich braun mit kontrastreich hell abgesetztem, dunklem Rückenstreifen.
Vorkommen: Vor allem in kalkarmen Heidegebieten und am Rand von Mooren, daneben auch auf Trockenrasen; im Allgemeinen nicht selten.
Wissenswertes: Die Raupe entwickelt sich an Heidekraut, Sonnenröschen und verschiedenen Schmetterlingsblütengewächsen. Sie besitzt (wie die meisten Bläulingsraupen) zahlreiche Duftdrüsen, denen ein für Ameisen attraktiver Geruch entströmt. Am 8. Segment befinden sich 2 vorstülpbare Tentakel, die am Ende einen Hakenkranz tragen (Zeichnung). Ihre Funktion ist nicht ganz klar; sie werden aber vor allem in Anwesenheit der Ameisen vorgestreckt und z. T. hin und her bewegt. Das für die Ameisen eigentlich interessante Organ ist die in einem Spalt oben auf dem 7. Segment mündende Honigdrüse. In ihr wird eine stark zuckerhaltige Lösung produziert, die, sobald die Raupe von Ameisenfühlern betrillert wird, als kleiner Tropfen austritt. Daher werden manche Bläulingsraupen von den Ameisen ähnlich wie Blattläuse regelrecht »gemolken«. Die Raupen des G. halten sich tagsüber meist am Fuß ihrer Futterpflanze verborgen. In der Regel findet man mehrere von ihnen dicht beieinander, stets umgeben von zahlreichen Ameisen. Auch die unauffällige, grünliche, am Boden liegende Puppe wird oft von Ameisen bewacht. Offenbar besitzt sie für diese den gleichen attraktiven Duft wie die Raupe. Das sehr kleine, weißliche Ei wird vom Falter unten an der Futterpflanze abgelegt und überwintert dort. RL, §!

Lungenenzian-Ameisenbläuling *Maculinea alcon* FAMILIE BLÄULINGE

Merkmale: Spannweite 32-36 mm. Flügeloberseite beim ♂ (rechtes großes Foto) hellblau mit schmalem, schwarzem Rand, beim ♀ dunkelbraun mit mehr oder weniger ausgedehnter Blaufärbung an der Flügelbasis; Unterseite bei beiden Geschlechtern graubraun mit hell umringten, schwarzen Punkten. Flugzeit VI-VIII.
Vorkommen: Auf Moorwiesen mit Enzian-Vorkommen; in M.-EU selten und an weit auseinander liegenden Fundorten, am häufigsten noch im Alpenvorland und im nordwestdt. Flachland.
Wissenswertes: Die Raupen haben eine sehr komplizierte Entwicklung, für die sie zunächst auf Lungen-Enzian oder Schwalbenwurz-Enzian angewiesen sind. Das Weibchen legt die Eier außen an den Enzianblüten ab (kleines Foto). Nach dem Schlüpfen fressen sich die Raupen zunächst zum Fruchtknoten der Blüte durch. Hier ernähren sie sich von den heranreifenden Samen. Nach 2-3 Wochen bohren sie sich wieder aus der Blüte heraus und lassen sich zu Boden fallen. Anschließend müssen sie einer ganz bestimmten Ameisenart, der Knotenameise *Myrmica ruginodis*, begegnen, deren Nestduft sie imitieren. Sie lassen sich von ihr ins Nest tragen und werden dort von den Arbeiterinnen, die sie offenbar für Ameisenlarven halten, gefüttert. In der Anfangszeit fressen sie außerdem die jungen Larven ihrer Wirte. Sie überwintern im Ameisennest, wachsen im Frühjahr weiter heran und verpuppen sich gegen Ende des Frühlings. Die frisch geschlüpften Falter müssen sich beeilen, das Ameisennest zu verlassen, denn jetzt erlischt anscheinend ihre geruchliche Tarnkappe, die sie bislang vor den Angriffen der Ameisen schützte. **RL, §!**

Schwarzfleckiger Ameisenbläuling *Maculinea arion* BLÄULINGE

Merkmale: Spannweite 28-38 mm. Flügel bei beiden Geschlechtern oberseits hellblau mit schwarzen Rändern und großen, schwarzen Punkten. Unterseite ähnlich wie beim Lungenenzian-Ameisenbläuling, doch mit größeren dunklen Flecken. Flugzeit VI-VIII.
Vorkommen: Vorwiegend auf steinigen oder felsigen Trockenrasen; durchweg selten.
Wissenswertes: Das Weibchen legt seine Eier einzeln ab, zumeist an Blüten von Feld-Thymian. Die Raupe frisst zunächst an der Blüte, lässt sich dann zu Boden fallen und von der Knotenameise *Myrmica sabuleti* adoptieren und ins Nest tragen. Sie ernährt sich dort von den Larven und Puppen. Bei Angriffen durch die Ameisen besänftigt sie diese durch Sekrete, die aus speziellen Drüsen abgesondert werden. Bei zu starkem Besatz der Ameisennester mit Raupen dieser Schmetterlingsart können die Ameisenvölker so stark geschädigt werden, dass sie zugrunde gehen – und mit ihnen die Raupen. Der Falter tritt daher immer nur in geringer Dichte auf. **RL, §!**

Dunkler Ameisenbläuling *Maculinea nausithous* FAM. BLÄULINGE

Merkmale: Spannweite 28-33 mm. Flügeloberseite ähnlich wie beim Schwarzfleckigen Ameisenbläuling, doch mit dunklerer Grundfärbung und kleineren Flecken; Unterseite dunkelbraun mit schwarzen, hell umrandeten Punkten. Flugzeit VI-VIII.
Vorkommen: Auf Feuchtwiesen mit Wiesenknopf-Beständen früher ziemlich häufig, in letzter Zeit überall selten geworden.
Wissenswertes: Die Falter sitzen meist auf den Blüten ihrer Futterpflanze, dem Großen Wiesenknopf. Die Eiablage erfolgt in noch knospige Blütenstände, wobei die Eier einzeln zwischen den Knospen versteckt werden. Nachdem sich die Jungraupen in die Blüten eingebohrt haben, fressen sie diese aus. Dann lassen sie sich zu Boden fallen und werden von der Knotenameise *Myrmica rubra* adoptiert, deren Nestgeruch sie imitieren. Anders als beim Schwarzfleckigen A. fressen sie nicht von der Ameisenbrut, sondern lassen sich von den Ameisen füttern. Hierdurch können sich mehr Raupen in einem Nest entwickeln als bei der anderen Art. **RL, §!**

BLÄULINGE 125

Alexisbläuling
Glaucopsyche alexis   FAM. BLÄULINGE

Graublauer Bläuling
Pseudophilotes baton   FAM. BLÄULINGE

Merkmale: Spannweite 23-30 mm. ♂ oberseits hellblau mit schwarzen Flügelrändern, ♀ dunkelbraun mit blauer Übergießung auf den inneren Flügelhälften; Unterseite der Vorderflügel mit einer gebogenen Reihe schwarzer, hell umringter Punkte, die sich auf den Hinterflügeln fortsetzen kann, dort aber auch oft fehlt. Flugzeit IV-VI. Raupe gelblich mit 3 rötlichen Längsstreifen.
Vorkommen: Auf Trockenrasen, an Wegrändern und sonnigen Waldsäumen; in M.-EU nur in Wärmegebieten, ziemlich selten.
Wissenswertes: Der Falter tritt an seinen Fundorten meist in geringer Dichte auf. Als Futterpflanzen der Raupen dienen verschiedene Schmetterlingsblütengewächse. Die Raupen werden fast immer von Ameisen begleitet. Sie fressen v.a. an den Blüten. Die Puppe überwintert. **RL, §!**

Merkmale: Spannweite 20-25 mm. Flügel am Rand mit kontrastreich schwarz-weiß gescheckten Fransen, beim ♂ oberseits hellblau, beim ♀ (Bild) dunkelbraun mit dunklen, hell eingefassten Punkten vor dem Rand der Hinterflügel und mehr oder weniger ausgedehnter, blauer Übergießung; Unterseite der Hinterflügel ähnlich wie beim Fetthennenbläuling, jedoch die Punkte schmal hell umrandet. Flugzeit IV-VIII.
Vorkommen: Vorwiegend an stark besonnten, felsigen Steilhängen, doch auch auf spärlich bewachsenen Trockenwiesen, im Bergland bis in fast 2000 m Höhe; überall selten.
Wissenswertes: Die dunkelgrüne Raupe ist mit 2 weinroten, weißlich gesäumten Längsbinden gezeichnet. Sie entwickelt sich am Feld-Thymian und befrisst die Knospen, Blüten und Früchte dieser Pflanze. Die Verpuppung erfolgt versteckt am Boden. In tieferen Lagen fliegt der Falter in 2, im Bergland nur in 1 Generation pro Jahr. **RL, §!**

Fetthennenbläuling *Scolitantides orion*   FAMILIE BLÄULINGE

Merkmale: Spannweite 22-28 mm. Flügelränder mit auffällig schwarz-weiß gescheckten Fransen; Oberseite der Flügel schwarzbraun, beim ♂ meist ausgedehnt blau bestäubt, bei solchen aus den Südalpen (Bild) dagegen oft wie beim ♀ mit wenig Blau; Flügelunterseite silbrig weiß mit großen, schwarzen Punkten und einer rotgelben Randbinde. Flugzeit IV-VIII. Raupe flach, verwaschen gelbgrün gefärbt mit einer roten Längsbinde entlang der Rückenmitte.
Vorkommen: An sehr warmen, trockenen Stellen, etwa an Weinbergsmauern, Geröllhalden oder an offenen, felsigen Hängen; in D sehr selten, nur inselartig verbreitet, beispielsweise im Moseltal oder im Oberpfälzer Jura; in den Südalpen, etwa im Wallis, im Tessin oder in Südtirol, gebietsweise recht häufig.

Wissenswertes: Wo er vorkommt, fliegt der unverwechselbare Falter auf kleiner Fläche oft in großer Anzahl. Als Futterpflanzen dienen den Raupen großblättrige Fetthennen-Arten wie die Große und die Purpur-Fetthenne. Bei der Zucht wird aber auch die schmalblättrige Weiße Fetthenne von ihnen akzeptiert. Die Weibchen legen ihre weißen, flachen Eier meist in kleinen Gruppen an der Blattober- und -unterseite ab, wo sie mit einiger Übung leicht zu entdecken sind. Die Jungraupen bohren sich zunächst in die Triebspitzen der Futterpflanze ein, später fressen sie auf der Blattfläche, indem sie sich von der Ober- oder Unterseite aus in die saftige Blattmitte hineingraben. Beim Fressen verschwinden sie mit der vorderen Körperhälfte ganz im Blatt, nur die obere Zellschicht lassen sie als transparentes Häutchen übrig. Am Ende ihrer Entwicklung verpuppen sich die Raupen am Boden zu braunen, rundlichen Gürtelpuppen. In den südlichen Teilen ihres Verbreitungsgebiets bildet die Art 2 Generationen im Jahr aus, in Deutschland nur eine. Die Überwinterung erfolgt als Puppe. **RL! §!**

Faulbaumbläuling
Celastrina argiolus FAMILIE BLÄULINGE

Merkmale: Spannweite 23-30 mm. Flügeloberseite leuchtend hellblau, beim ♂ mit schmalem, beim ♀ (Bild) mit breitem, dunklem Rand; Flügelunterseite hell silbergrau mit feinen, schwarzen Punkten. Flugzeit IV-VIII. Raupe grünlich mit rotbraunem Rückenstreif.
Vorkommen: An Waldrändern und auf gebüschreichen Waldlichtungen meist nicht selten.
Wissenswertes: Die Falter besuchen nicht nur Blüten, sondern saugen oft auch am Honigtau der Blattläuse sowie an feuchten Bodenstellen. Die Raupe kann sich an ungewöhnlich vielen verschiedenen Pflanzen entwickeln. Bisher wurden über 20 Arten gezählt, darunter Faulbaum, Hartriegel, Heidekraut, Efeu und Preiselbeeren. Die braune Gürtelpuppe ist gewöhnlich an der Blattunterseite der Fraßpflanze zu finden. **§!**

Zwergbläuling
Cupido minimus FAMILIE BLÄULINGE

Merkmale: Mit nur 18-22 mm Spannweite der kleinste heimische Bläuling; Flügeloberseite dunkelbraun, besonders beim ♂ an der Basis oft blau bestäubt; Flügelunterseite bräunlich grau mit schwarzen, hell umringten Punkten. Flugzeit IV-VIII.
Vorkommen: Auf Trockenwiesen, an Waldrändern und Straßenböschungen; gebietsweise ziemlich häufig, doch vielerorts durch die Vernichtung seiner Futterpflanze selten geworden.
Wissenswertes: Die Raupe entwickelt sich bei uns fast ausschließlich am Gewöhnlichen Wundklee, einer Pflanze, die ausgesprochen empfindlich auf Düngung reagiert. Die Eier werden vom Weibchen einzeln an den Blütenständen abgelegt. Die durch ihre blass gelbliche Färbung bestens getarnte Raupe bohrt sich zum Fressen in die Blüte ein, sodass nur noch ihr Hinterteil herausragt. Am Ende ihrer Entwicklung sucht sie ein Überwinterungsversteck auf, in dem sie sich meist erst im folgenden Frühjahr verpuppt. **(RL), §!**

Storchschnabelbläuling
Aricia eumedon FAMILIE BLÄULINGE

Merkmale: Spannweite 26-30 mm. Flügel bei beiden Geschlechtern oberseits dunkelbraun, beim ♀ oft mit gelbroten Flecken am Rand des Hinterflügels; Unterseite der Hinterflügel hellbraun mit einem schwertförmigen, weißen Streifen, der vom dunklen Mittelfleck zum Flügelrand läuft. Flugzeit V-VII. Raupe ziemlich einheitlich blassgrün.
Vorkommen: Auf Feuchtwiesen und an warmen, sonnigen Waldrändern; ziemlich selten und meist nur an eng begrenzten Stellen.
Wissenswertes: Der Falter fliegt nur unmittelbar dort, wo die Futterpflanzen seiner Raupen wachsen, in Feuchtgebieten der Sumpf-Storchschnabel, in Trockengebieten der Blut-Storchschnabel. Die Raupe frisst zunächst an der Blüte und der heranreifenden Frucht, überwintert am Boden und ernährt sich im Frühjahr von den Blättern. **RL, §!**

Dunkelbrauner Bläuling
Aricia agestis FAMILIE BLÄULINGE

Merkmale: Spannweite 22-27 mm. Flügel oberseits dunkelbraun mit meist deutlichen gelbroten Randflecken auf beiden Flügelpaaren, beim ♂ (Bild) weniger ausgedehnt als beim ♀. Flugzeit IV-IX.
Vorkommen: Auf trockenen Magerwiesen und an sonnigen Waldrändern, vorzugsweise in wärmeren Gebieten, dort gewöhnlich nicht selten.
Wissenswertes: Die grüne Raupe ist mit 3 roten Längsstreifen gezeichnet. Sie entwickelt sich in der Regel an Sonnenröschen, gelegentlich aber auch an Storchschnabel-Arten. Zunächst frisst sie an der Blattunterseite, später verzehrt sie jedoch die ganzen Blätter. Die Art bringt überall 2 Generationen pro Jahr hervor. **(RL), §!**

> *Ähnlich:* Der **Große Sonnenröschenbläuling** *Aricia ataxerxes* wird etwas größer und ist oberseits meist weniger deutlich gelbrot gezeichnet. Er fliegt in 1 Jahresgeneration. Die Auffassung des G.S. als eigene Art ist umstritten, da mancherorts auch Übergangsformen zu *A. agestis* auftreten. **(RL), §!**

BLÄULINGE 129

Schlüsselblumen-Würfelfalter *Hamearis lucina*   FAM. WÜRFELFALTER

Merkmale: Spannweite 25-28 mm. In der Flügelzeichnung an einen Scheckenfalter (⇨ S. 168 u. 170) erinnernd, aber auf Ober- und Unterseite beider Flügelpaare (besonders deutlich auf den Hinterflügeln) mit gelbroten Randflecken, in denen jeweils ein schwarzer Punkt liegt. Flugzeit IV-VI.
Vorkommen: An Waldrändern, auf Trockenrasen und Feuchtwiesen; früher weit verbreitet und vielerorts häufig, in neuerer Zeit allgemein stark zurückgegangen.
Wissenswertes: Die Art gehört als einziger heimischer Vertreter zu einer sonst nur in den Tropen und Subtropen vorkommenden und dort weit verbreiteten Schmetterlingsfamilie, die in der neueren Literatur vielfach als Unterfamilie zu den Bläulingen gestellt wird. Mit den ähnlich aussehenden Scheckenfaltern ist sie hingegen nicht näher verwandt, weshalb der sonst vielfach verwendete Name »Frühlingsscheckenfalter« sehr unglücklich gewählt ist.
Der Schmetterling gehört zu den typischen Frühlingsfaltern sonniger Waldränder. Er fliegt dort, wo die Futterpflanzen seiner Raupen, die Duftende und die Hohe Schlüsselblume, noch dichte Bestände bilden. Das Weibchen legt seine glatten, rundlichen Eier in kleinen Gruppen an die Blattunterseiten, wo sie bei gezielter Suche gut zu entdecken sind. Man findet die Eier allerdings kaum in geschlossenen Beständen der Pflanzen, sondern viel eher an isoliert stehenden Einzelpflanzen in deren Nähe.
Die Raupe ist plump, fein behaart und blass graubraun gefärbt und ähnelt damit einer Bläulingsraupe. Sie führt eine nachtaktive Lebensweise und hält sich tagsüber unter der Futterpflanze verborgen. Im Hochsommer verpuppt sie sich am Boden in eine weiße, mit schwarzen Punkten gezeichnete Gürtelpuppe. Diese überwintert. **RL, §!**

Zürgelbaumfalter *Libythea celtis*   FAMILIE SCHNAUZENFALTER

Merkmale: Spannweite rund 40 mm. Flügel mit gezackten Rändern, Oberseite dunkelbraun mit gelbroten Flecken auf beiden Flügelpaaren sowie einem weißen Punkt am Vorderrand der Vorderflügel; Lippentaster den Kopf nach vorn weit überragend. Flugzeit ganzjährig. Raupe hellgrün (in jungen Stadien bräunlich), stets mit einer gelblichen Seitenlinie.
Vorkommen: Vorwiegend in offenem, mit einzelnen Sträuchern und Bäumen bewachsenem Gelände; im Mittelmeergebiet weit verbreitet, doch nirgends häufig, vereinzelt bis in die südlichen Alpentäler (Tessin, Südtirol).
Wissenswertes: Der Zürgelbaumfalter gehört zu einer ausgesprochen artenarmen, aber in allen Kontinenten vertretenen Familie, die nur rund ein Dutzend Arten umfasst. Besonderes Merkmal dieser eng mit den Augen- und Edelfaltern verwandten Tiere sind die stark verlängerten Lippentaster. Die Raupe entwickelt sich ausschließlich am Südlichen Zürgelbaum. Nur wo dieser Baum größere Bestände bildet, wie etwa im Etschtal oder in der Umgebung des Comer Sees, kann man dem interessanten Falter hin und wieder begegnen.
Er fliegt bereits im zeitigen Frühjahr (ab März). Die grünen Eier werden einzeln an den Triebspitzen abgesetzt und sind wie die Raupe aufgrund ihrer Färbung kaum zu entdecken. Die Raupen verraten sich allerdings manchmal dadurch, dass sie sich bei Gefahr an einem langen Faden abseilen. Die Verpuppung erfolgt an der Unterseite eines Blatts. Auch die Puppe ist hellgrün gefärbt und daher gut getarnt. Im Juni erscheinen die ersten Falter der Sommergeneration, die sich nur selten zeigen und bald Eier ablegen. Sie sterben bereits im Juli und werden wenig später von der nachfolgenden Faltergeneration abgelöst. Diese Tiere überwintern und schreiten erst im darauf folgenden Jahr zur Fortpflanzung. **§!**

Mauerfuchs *Lasiommata megera*

FAMILIE AUGENFALTER

Merkmale: Spannweite 35-45 mm. Flügeloberseite orangebraun mit dunkelbrauner, gitternetzartiger Bindenzeichnung; ♂ (kleines Foto) außerdem mit einem schräg über den Vorderflügel ziehenden Duftschuppenfleck, der dem ♀ (großes Foto) fehlt. Spitze des Vorderflügels mit großem, einfach gekerntem Augenfleck. Flugzeit IV-X. Raupe hellgrün mit feinen, gelblichen Längsstreifen.

Vorkommen: In trockenwarmem Gelände mit sandigem, steinigem oder felsigem Untergrund, z.B. an sandigen Wegböschungen, in Kiesgruben, auf Trockenrasen oder Felssteppen; früher fast überall häufig, doch heute bereits in einigen Gegenden selten geworden.

Wissenswertes: Die Männchen sonnen sich gern auf Felsen, Steinen oder nackten Bodenstellen mit zusammengeschlagenen Flügeln, deren Unterseite sie nach der Sonne ausrichten, nicht selten aber auch mit geöffneten Flügeln. Die Raupe lebt wie bei allen Augenfaltern an Gräsern (u.a. an Schaf-Schwingel, Aufrechter Trespe und Fieder-Zwenke). Sie verhält sich zunächst tagaktiv, mit zunehmender Größe wird sie dann vorwiegend dämmerungs- und nachtaktiv. Die grüne Stürzpuppe ist in Bodennähe an dürren Pflanzenstängeln oder Steinen angeheftet. Der M. bringt meist 2, in günstigen Jahren auch 3 Generationen pro Jahr hervor. Die Überwinterung erfolgt als fast erwachsene Raupe. §!

Braunauge
Lasiommata maera FAM. AUGENFALTER

Merkmale: Spannweite 37-50 mm. Ähnlich dem Mauerfuchs, doch in der Spitze des Vorderflügels mit auffallend großem, fast immer doppelt gekerntem Augenfleck; Färbung sehr variabel, neben Faltern mit überwiegend dunkelbraunen Flügeln kommen solche vor, bei denen die hellen Farbtöne deutlich vorherrschen. Flugzeit V-IX.

Vorkommen: Vorwiegend an Waldwegen und Waldrändern, hier besonders an felsigen Stellen, daneben aber auch auf Trockenrasen und in Weinbergen; in den Alpen und im süddeutschen Bergland ziemlich verbreitet, im Tiefland vielerorts stark zurückgegangen und stellenweise ganz verschwunden.

Wissenswertes: Der Falter fliegt meist in 2 Generationen, im höheren Bergland nur in einer. Die grüne, ziemlich undeutlich hell gestreifte Raupe entwickelt sich u.a. an Borstgras, Rotem Straußgras und Geschlängelter Schmiele. Die heller oder dunkler grün gefärbte Puppe trägt einen auffallend hohen, hellen Rückenkamm und ist oft an Felsen zu finden. **(RL), §!**

Braunscheckauge
Lasiommata petropolitana AUGENFALTER

Merkmale: Spannweite um 40 mm. Sehr ähnlich dem Braunauge, doch deutlich kleiner; Augenfleck in der Vorderflügelspitze oft nur einfach gekernt; Hinterflügel oberseits etwa in der Mitte mit einer feinen, dunklen Querbinde, die beim Braunauge stets fehlt. Flugzeit IV-VII, z.T. bis IX.

Vorkommen: An steinigen oder felsigen Stellen in lichten Bergwäldern; in M.-EU nur in den Alpen und einigen vorgelagerten Gebirgen, von niederen Lagen bis etwa zur Baumgrenze aufsteigend; überall ziemlich selten.

Wissenswertes: Der Falter ruht oft, ähnlich wie Mauerfuchs und Braunauge, an offenen Bodenstellen und auf liegenden Baumstämmen. Er fliegt normalerweise nur in 1 Generation im Jahr. Die Eier werden wie bei den anderen Arten dieser Gattung meist einzeln an trockene Pflanzenteile geklebt. Die Raupe überwintert im letzten Entwicklungsstadium. Gelegentlich verpuppen sich einzelne Raupen aber bereits im Spätsommer und können dann noch im September Falter einer 2. Jahresgeneration ergeben. **(RL), §!**

AUGENFALTER 133

Waldbrettspiel *Pararge aegeria*

FAMILIE AUGENFALTER

Merkmale: Spannweite 32-42 mm. In Europa 2 verschieden gefärbte Unterarten: in M.-EU *P. aegeria tircis* (großes Foto) mit dunkelbraunen, blassgelb gefleckten, in S-EU *P. aegeria aegeria* mit leuchtend gelbrot gezeichneten Flügeln (kleines Foto). Flugzeit IV-X. Raupe hellgrün mit dunklerem, hell eingefasstem Streifen in der Rückenmitte.

Dieses Exemplar der südeuropäischen Unterart wurde von einer Krabbenspinne erbeutet.

Vorkommen: Vor allem in lichten Laubwäldern und an Waldrändern; in den meisten Gebieten ziemlich häufig. In der S-Schweiz treffen sich die Areale der beiden Unterarten.

Wissenswertes: In lichtdurchfluteten Wäldern sind die Männchen oft bei ihrem typischen Revierverhalten zu beobachten. Sie besetzen Ansitze auf besonnten Blättern und überwachen von dort aus die Umgebung. Sobald sich ein fremdes Männchen nähert, kommt es zu einem kurzen »Luftkampf«, aus dem der ursprüngliche Revierinhaber fast immer als Sieger hervorgeht. Das siegreiche Tier kehrt anschließend zu seinem Ansitz zurück, der unterlegene Eindringling verlässt das fremde Revier. Nur selten sind die Falter beim Blütenbesuch zu beobachten. Sie saugen gelegentlich auch an ausfließendem Baumsaft, an Wasserpfützen oder reifen Früchten. Die Art fliegt überall in 2 Jahresgenerationen. Überwinterungsstadium ist die Puppe.

Gelbringfalter *Lopinga achine*

FAMILIE AUGENFALTER

Merkmale: Spannweite 50-55 mm. Flügel oberseits dunkelbraun, vor dem Außenrand mit einer Reihe ovaler, schwarzer Flecke, die jeweils mit einem gelben Ring eingefasst sind; Unterseite an den gleichen Stellen mit großen Augenflecken und davor einer weißen Binde. Flugzeit V-VII.

Vorkommen: In lockeren, warmen und etwas feuchten Laubwäldern mit grasreichem Unterwuchs; überall sehr stark zurückgegangen und über weite Bereiche vollständig verschwunden.

Wissenswertes: Die unverwechselbare Art hat ihre besten Bestände in den einst weit verbreiteten »Mittelwäldern«. Bei dieser inzwischen fast überall aufgebenen Nutzungsform werden die Wälder im Abstand von 20-30 Jahren vor allem zur Gewinnung von Brennholz eingeschlagen und dabei einzelne, höhere Bäume (meist Eichen) als Bauholzlieferanten stehen gelassen. Anschließend regenerieren sich die Gehölze aus Stockausschlägen. Bedingt durch diese Form der Naturverjüngung fehlen in solchen Wäldern z.B. Nadelbäume und Buchen, dafür dominieren Eichen, Hainbuchen, Ahorn, Linden und verschiedene Sträucher. Die letzten noch weitgehend intakten Mittelwälder (z.B. im fränkischen Steigerwald) gehören zu den artenreichsten Schmetterlingsbiotopen; hier kann man neben dem Gelbringfalter auch solche Raritäten wie den Maivogel (⇨S.170) oder das Wald-Wiesenvögelchen (⇨S.138) beobachten.

Der auffallend scheue Gelbringfalter fliegt vorwiegend morgens und in den späteren Nachmittagsstunden; während der heißesten Tageszeit hält er sich meist verborgen. Seine Raupe entwickelt sich an verschiedenen Gräsern und überwintert halbwüchsig. **RL! §!**

AUGENFALTER **135**

Perlgrasfalter *Coenonympha arcania* — FAMILIE AUGENFALTER

Merkmale: Spannweite 28-35 mm. Oberseite der Vorderflügel gelbbraun mit breitem, dunkelbraunem Randsaum, darin meist ein kleiner Augenfleck; Hinterflügel oberseits dunkelbraun, unterseits mit chremeweißer breiter Binde, an deren Rand 6 weiß gekernte, gelb und schwarz umringte Augenflecke liegen. Flugzeit V-VIII.

Vorkommen: Auf verbuschten Trockenrasen, an Waldsäumen und in lichten Laubwäldern; in M.-EU weit verbreitet, doch in den letzten Jahren in vielen Gegenden recht selten geworden.

Wissenswertes: Der Falter setzt sich wie alle *Coenonympha*-Arten fast immer mit geschlossenen Flügeln ab. Zum Sonnen sucht er gern einzelne, von Grasland umgebene Büsche auf, klappt hierzu aber nicht etwa die Flügel auseinander, sondern schwenkt, auf einem Blatt sitzend, seinen Körper mit nach oben zusammengelegten Flügeln so weit zur Seite, bis die Sonnenstrahlen rechtwinklig auf die Flügelunterseite treffen. Mit steigendem Sonnenstand nimmt er dabei eine immer stärkere Schräglage ein, bis er schließlich fast ganz zur Seite gekippt auf dem Blatt liegt.
Bei der Eiablage heftet das Weibchen die Eier einzeln oder reihenweise an Grasblätter. Die Raupe frisst vorzugsweise an Rispen- und Perlgräsern. Die weißlich oder hellgrün gefärbte Puppe ist mit kontrastreich abgesetzten, schwarzbraunen Längsstreifen gezeichnet. Sie heftet sich in Bodennähe an dürren Gräsern fest. Überwinterungsstadium ist die Raupe. Die Falter fliegen nur in 1 Generation pro Jahr. **(RL), §!**

Oberseite

Kleines Wiesenvögelchen *Coenonympha pamphilus* — F. AUGENFALTER

Merkmale: Spannweite 23-33 mm. Ziemlich unscheinbar gezeichnet; Flügeloberseite gelbbraun mit unscharf begrenztem, dunklerem Rand und kaum erkennbarem, dunklem Punkt in der Vorderflügelspitze; Unterseite der Vorderflügel mit deutlichem Augenfleck, die der Hinterflügel graubraun mit mehr oder weniger scharf abgesetzter, heller gefärbter Binde. Flugzeit V-IX. Raupe hellgrün mit dunklem Mittellängsstreifen auf dem Rücken und gelblichen Seitenstreifen.

Vorkommen: In offenen, grasbewachsenen Lebensräumen aller Art, z.B. auf Magerrasen, an Waldrändern, an Böschungen und auf Weideflächen, regelmäßig auch an Sekundärstandorten wie Sand- und Kiesgruben; überall die häufigste Wiesenvögelchen-Art, doch inzwischen bei weitem nicht mehr so häufig wie früher.

Wissenswertes: Das K.W. kann bereits auf kleinen Flächen von wenigen Quadratmetern sein Auskommen finden, etwa an einem grasbewachsenen Wegrand neben intensiv genutzten landwirtschaftlichen Anbauflächen. Die Männchen warten hier auf ihren Sitzwarten auf vorbeikommende Weibchen, die ihre Eier dicht über dem Erdboden einzeln an Grashalme heften. Die Raupen vermögen sich an vielen verschiedenen Grasarten zu entwickeln. Sie sind sehr schwer zu finden, können aber fast das ganze Jahr hindurch angetroffen werden. Die Falter fliegen im Allgemeinen in 2 ineinander übergehenden Jahresgenerationen. Einzelne Raupen entwickeln sich aber auch unter normalen Bedingungen langsamer als die übrigen und ergeben erst im nächsten Jahr den Falter. Andererseits kann es unter besonders günstigen klimatischen Voraussetzungen offenbar auch zu einer dritten Generation im Jahr kommen. Die Verpuppung erfolgt in Bodennähe an Gräsern oder niederen Kräutern. Die grünliche Stürzpuppe ist auf den Flügelscheiden und an der Hinterleibsspitze mit dunkelbraunen Längsstreifen gezeichnet. Das Überwinterungsstadium ist die Jungraupe. **§!**

AUGENFALTER 137

Großes Wiesenvögelchen
Coenonympha tullia FAM. AUGENFALTER

Merkmale: Spannweite 30-35 mm. Ähnlich dem Kleinen Wiesenvögelchen (⇨S.136), doch etwas größer und mit deutlicherer heller Binde auf der Hinterflügel-Unterseite; hier außerdem Augenflecke zwischen dieser Binde und dem Flügelrand. Flugzeit VI-VIII. Raupe grün mit gelblichen Längsstreifen.
Vorkommen: Auf Moorflächen und Streuwiesen; überall recht selten, vielerorts mit der Trockenlegung der Moore bereits ganz verschwunden, am häufigsten noch im Alpenvorland.
Wissenswertes: Die Falter fliegen besonders gern an solchen Stellen, an denen viel Wollgras wächst. Sie verlassen diese oft sehr blütenarmen Gebiete meist nur kurzzeitig, um auf Nachbarflächen Nektar zu saugen. Als Raupennahrung scheinen v. a. die Wollgräser zu dienen. **RL, §!**

Rostbraunes Wiesenvögelchen
Coenonympha glycerion AUGENFALTER

Merkmale: Spannweite 27-32 mm. Recht ähnlich dem Großen Wiesenvögelchen, doch reicht die helle Binde im Hinterflügel nicht bis zu dessen Vorderrand, bei *C. tullia* dagegen schon. Flugzeit VI-VIII. Raupe grün mit dunklem Rückenstreif.
Vorkommen: Auf Feuchtwiesen (hier gelegentlich in Gesellschaft des Gr. Wiesenvögelchens) ebenso wie auf Trockenrasen oder an sonnigen Waldsäumen; gebietsweise, etwa auf der Schwäbischen Alb und im Alpenvorland, nicht selten.
Wissenswertes: Das R.W. kann sich etwas besser behaupten als die meisten anderen Arten dieser Gattung, da es sowohl auf feuchten wie auf ausgesprochen trockenen Flächen sein Auskommen findet. Die Falter sind regelmäßig beim Blütenbesuch zu beobachten. **RL, §!**

Wald-Wiesenvögelchen
Coenonympha hero FAM. AUGENFALTER

Merkmale: Spannweite 28-33 mm. Flügeloberseite dunkelbraun mit 3-4 Augenflecken am Rand des Hinterflügels; Unterseite der Hinterflügel mit einer parallel zum Außenrand angeordneten, sehr auffälligen Reihe großer Augenflecke und davor einer schmalen, weißen Binde. Flugzeit V-VII.
Vorkommen: In lockeren, feuchten Wäldern und auf etwas verbuschten Feuchtwiesen; überall sehr selten geworden und heute europaweit hochgradig gefährdet.
Wissenswertes: Die Art ist ausgesprochen standortttreu und verlässt ihr oft sehr kleinflächiges Fluggebiet kaum einmal. Dies macht sie besonders anfällig für Veränderungen in ihrem Lebensraum. Die besten Bestände sind derzeit in den letzten Mittelwäldern (⇨S.134) Süddeutschlands anzutreffen. **RL! §!**
Ähnlich: Das etwas größere **Moor-Wiesenvögelchen** *Coenonympha oedippus* hat auch auf der Unterseite der Vorderflügel 3-4 große Augenflecke und kommt auf Sumpfwiesen vor, ist jedoch ebenfalls höchst selten. **RL! §!**

Alpen-Wiesenvögelchen
Coenonympha gardetta AUGENFALTER

Merkmale: Spannweite um 30 mm. Unterseite der Hinterflügel mit einer breiten, weißen Binde, in der eine parallel zum Flügelrand laufende Reihe schwarzer Augenflecke liegt; Augenflecke ohne gelben Ring. Flugzeit VII-IX.
Vorkommen: Vor allem auf alpinen Matten und Almwiesen; nur in den Alpen in Höhen zwischen 1000 und fast 3000 m, gebietsweise ziemlich häufig, z. B. in den Schweizer Zentralalpen.
Wissenswertes: Die Art saugt gern an alpinen Polsterpflanzen. Sie kann in den nur noch von wenigen anderen Insekten besiedelten Regionen oberhalb der Baumgrenze mancherorts in großer Individuenzahl auftreten. **(RL), §!**

> *Ähnlich:* **Darwins Wiesenvögelchen** *Coenonympha darwiniana*, Augenflecke auf der Unterseite der Hinterflügel gelb und schwarz umringt (wie z.B. beim Perlgrasfalter, (⇨S.136); nur in den Südalpen vorkommend. In der S-Schweiz treten stellenweise Übergangsformen zum Alpen-Wiesenvögelchen auf. **§!**

AUGENFALTER **139**

Großes Ochsenauge *Maniola jurtina*

FAMILIE AUGENFALTER

Merkmale: Spannweite 40-48 mm. Flügel beim ♂ oberseits dunkelbraun mit schwarzem Duftschuppenfleck und kleinem, hell eingefasstem Augenfleck, ♀ (linkes Foto) mit ausgedehnterer orangebrauner Zeichnung; Flugzeit VI-IX. Raupe hellgrün mit langer, feiner Behaarung; Rückenhaare nach hinten gebogen.

Vorkommen: Auf Wiesen, Waldlichtungen, an Wegrändern, auf Trockenrasen und in neuerer Zeit zunehmend auch in Gärten; fast überall häufig, einer der häufigsten Augenfalter.

Wissenswertes: Der Falter fliegt in einer sehr langgezogenen Generation vom Frühsommer bis zum Beginn des Herbstes. Dies erklärt sich aus der individuell sehr verschiedenen Entwicklungsgeschwindigkeit der Raupen. Diese überwintern nach der ersten oder zweiten Häutung und wachsen nach der Überwinterung unterschiedlich rasch heran. Zunächst fressen sie tagsüber, spätestens im letzten Entwicklungsstadium nehmen sie jedoch eine nachtaktive Lebensweise an. Als Futterpflanzen dienen ihnen viele verschiedene Grasarten, darunter Knäuelgras, Wiesen-Rispengras und auch Seggen. Die Verpuppung findet an dürren Pflanzenstängeln dicht über dem Boden statt. Die ziemlich untersetzte Sturzpuppe ist meist grün, seltener weißlich gefärbt und kann mit kontrastreich abgesetzten, dunklen Streifen gezeichnet sein.

> *Ähnlich:* **Kleines Ochsenauge** *Maniola lycaon*, etwas geringere Flügelspannweite, ♀ mit 2 Augenflecken im Vorderflügel. Die in SO-EU weit verbreitete Art kommt nach NW sehr vereinzelt bis in die S-Schweiz und ins östliche D vor, ist hier aber an den meisten früheren Fundorten in letzter Zeit verschwunden. **RL**

Rostbraunes Ochsenauge
Maniola tithonus FAM. AUGENFALTER

Merkmale: Spannweite 30-38 mm. Flügel oberseits orangebraun mit scharf abgesetzten, dunkelbraunen Rändern und doppelt weiß gekerntem Augenfleck in der Vorderflügelspitze; ♂ (Bild) mit großem, schräg über den Vorderflügel laufendem Duftschuppenfleck. Flugzeit VII-IX. Raupe graubraun oder hellgrün mit dunkleren Längsstreifen.

Vorkommen: In lockeren, trockenen Laubwäldern und an Waldsäumen, vorwiegend an warmen Orten; im M.-EU besonders im Rheintal, vereinzelt aber bis ins norddeutsche Flachland.

Wissenswertes: Die Männchen sitzen gern am Rand von Waldwegen im Gebüsch und verteidigen von dort aus ihre Reviere gegen eindringende Artgenossen. Die Weibchen kleben üblicherweise ihre Eier einzeln an den Futterpflanzen der Raupen, verschiedenen Gräsern wie Lieschgras, Knäuelgras oder Schwingel-Arten, fest. Die Überwinterung erfolgt als Jungraupe. **RL, §!**

Brauner Waldvogel
Aphantopus hyperanthus AUGENFALTER

Merkmale: Spannweite 35-42 mm. Flügel oberseits dunkelbraun, ♂ mit 2 sehr kleinen, ♀ mit 3 deutlichen Augenflecken im Vorderflügel; Unterseite des Hinterflügels bei beiden Geschlechtern mit 5 schi auffallenden, gelb umringten Augenflecken. Flugzeit VI-VIII. Raupe graubraun getönt mit dunklem Rückenstreifen und heller Seitenlinie.

Vorkommen: In lichten Wäldern, an Waldrändern und auf trockenen wie feuchten Wiesen allgemein verbreitet; überall ziemlich häufig.

Wissenswertes: Der recht anpassungsfähige Falter konnte sich in der herkömmlichen Kulturlandschaft bisher gut behaupten. Mit den immer weiter intensivierten Bewirtschaftungsmethoden in der Landwirtschaft, insbesondere durch die verstärkte Ausbringung von Gülle, bekommt aber auch diese Art zunehmend Probleme und zieht sich mehr und mehr aus landwirtschaftlich genutzten Flächen zurück.

AUGENFALTER

Weißband-Mohrenfalter *Erebia ligea*
FAMILIE AUGENFALTER

Merkmale: Spannweite 37-45 mm. Vorderflügel oberseits schwarzbraun mit zusammenhängender roter Binde und 4 Augenflecken (der 3. in der Reihe jedoch oft fehlend); Hinterflügel unterseits dunkelbraun mit weißer Binde; Flügelränder bei beiden Geschlechtern mit kontrastreich schwarzweiß gescheckten Fransen. Flugzeit VII-VIII.

Vorkommen: In lichten Wäldern, auf Waldwiesen, an Waldrändern und entlang von Waldwegen; in den Mittelgebirgen ebenso wie in den Alpen weit verbreitet, doch gebietsweise (vor allem außerhalb der Alpen) in letzter Zeit deutlich zurückgegangen.

Wissenswertes: Der Falter ist häufig beim Blütenbesuch zu beobachten. Er bevorzugt violette und gelbe Blüten, die so groß sind, dass er sich auf ihnen absetzen kann, z.B. Skabiosen, Flockenblumen und Habichtskräuter.
Die Eiablage erfolgt meist an lichten Stellen im Wald. Das Weibchen heftet dabei die Eier dicht über den Boden an dürre oder frische Gräser. Dort überwintert das Gelege. Die Raupe ist graubraun mit einem dunkleren Rückenstreifen und zahlreichen kurzen, dunklen Haaren. Sie überwintert vor der Verpuppung noch einmal, sodass sich die gesamte Entwicklung über 2 Jahre erstreckt. **(RL)**, **§!**

Rundaugen-Mohrenfalter
Erebia medusa   FAMILIE AUGENFALTER

Merkmale: Spannweite 32-40 mm. Binde im Vorderflügel in mehrere rote Flecke geteilt; Unterseite der Hinterflügel wie die Oberseite schwarzbraun mit rot umrandeten Augenflecken. Flügelränder ohne helle Fransen. Flugzeit V-VII.

Vorkommen: Auf Trockenrasen, in lichten Wäldern ebenso wie auf Feuchtwiesen am Rand von Mooren; in den Alpen und Mittelgebirgen ziemlich verbreitet.

Wissenswertes: Die Art unterscheidet sich durch ihre frühe Flugzeit recht deutlich von den übrigen Mohrenfaltern. Die Entwicklung der Raupe ist meist ein-, seltener zweijährig. **§!**

Waldmohrenfalter
Erebia aethiops   FAMILIE AUGENFALTER

Merkmale: Spannweite um 45 mm. Ähnlich dem Weißband-Mohrenfalter, doch Augenflecke auf den Vorderflügeln meist etwas größer und nur ♀ mit (weniger kontrastreich) hell-dunkel gescheckten Flügelfransen; Unterseite der Hinterflügel braun mit grauer Binde. Flugzeit VII-IX.

Vorkommen: Auf Waldlichtungen und feuchten wie trockenen Wiesen; in den Alpen und Mittelgebirgen ziemlich verbreitet.

Wissenswertes: Der W. hat einen einjährigen Entwicklungszyklus. Die zunächst tagaktive Raupe überwintert noch klein und wird ab dem vorletzten Stadium nachtaktiv. **RL**, **§!**

Schillernder Mohrenfalter
Erebia tyndarus   FAMILIE AUGENFALTER

Merkmale: Spannweite um 35 mm. Vorderflügel oberseits mit rotbraunem Fleck und darin 2 kleinen Augenflecken, beim ♂ (Bild) zudem mit deutlichem Grünschiller; Unterseite der Hinterflügel grau mit dunklen, gezackten Binden. Flugzeit VII-IX.

Vorkommen: Auf Almwiesen und steinigen Alpenmatten von gut 1000 m bis fast 3000 m Höhe; nur in den Alpen (Alpen-Endemit), aber hier weit verbreitet und gebietsweise häufig.

Wissenswertes: Die Art tritt an ihren Fundorten oft in dichten Scharen auf und gehört damit zu den auffallendsten Schmetterlingen in den unwirtlichen Hochlagen der Alpen. Die Entwicklung ist einjährig. **(RL)**, **§!**

Eismohrenfalter
Erebia pluto   FAMILIE AUGENFALTER

Merkmale: Spannweite um 45 mm. Flügeloberseite mit einer aus einzelnen Flecken zusammengesetzten Binde (kann beim ♂ fehlen), meist ganz ohne Augenflecke; Unterseite der Hinterflügel beim ♂ schwarz, beim ♀ mit einer grauen Binde. Flugzeit VI-VIII.

Vorkommen: Auf Geröllhalden und Felsschutt mit sehr spärlicher Vegetation in Höhen zwischen 1600 und 3200 m; ausschließlich in den Alpen.

Wissenswertes: Wie auch andere alpine Mohrenfalter setzt sich der E. zum Sonnen gern auf einen Stein. Er verlässt seinen angestammten Lebensraum kaum. Die Entwicklung dauert in der Regel 2 Jahre. **(RL)**, **§!**

AUGENFALTER 143

Berghexe *Chazara briseis*

FAMILIE AUGENFALTER

Merkmale: Spannweite 45-60 mm. Flügeloberseite dunkelbraun mit breiter, weißer Binde, die im Vorderflügel aus deutlich voneinander getrennten Flecken zusammengesetzt ist und 1-2 Augenflecke einschließt; Flügelunterseite weißlich und grau marmoriert. Flugzeit VII-VIII. Raupe hell gelblich grau mit dunkelbraunem Streifen längs des Rückens und grauen Seitenbinden; Kopf gelbbraun mit grauen Längsstreifen.
Vorkommen: An warmen Stellen auf Felsschutthalden und sehr kurzrasigen, steinigen bis felsigen Magerrasen; sehr stark rückläufige Bestandsentwicklung, in M.-EU wohl nur noch an einzelnen Fundorten in Süddeutschland (z.B. in der Rhön und auf der Schwäbischen Alb).
Wissenswertes: Die Berghexe fliegt nur in Gebieten mit äußerst lückiger und sehr niedriger Vegetation. Dabei ist es nicht entscheidend, ob die geringe Bodenbedeckung natürlicherweise (wie etwa Geröllhalden an Felshängen) oder durch Bodenbearbeitung (z.B. Schürfstellen zur Brandkalkgewinnung) bzw. durch intensive Schaf- oder Ziegenbeweidung entstanden ist. Da aber die kleinflächigen Entnahmestellen für Brandkalk mittlerweile nicht mehr benötigt werden und auch die Beweidung stark zurückgegangen ist, sind heute fast alle einstigen Fundstellen der B. verwaist. So steht die Art z.B. in der Schweiz kurz vor dem völligen Verschwinden.
Die Falter setzen sich fast immer mit geschlossenen Flügeln am Boden oder auf Steinen ab und sind dann dank ihrer Tarnfärbung nur schwer zu entdecken. Lediglich bei relativ kühlem, aber sonnigem Wetter öffnen sie ihre Flügel, um Wärme zu tanken. Die Eier werden in Bodennähe an Gräser geklebt. Die Raupe überwintert noch klein. **RL, §!**

Blauäugiger Waldportier
Minois dryas   FAMILIE AUGENFALTER

Merkmale: Spannweite 45-60 mm. Flügel oberseits dunkelbraun mit 2 blau gekernten Augenflecken in den Vorderflügeln, die beim ♀ (Bild) deutlich größer sind als beim ♂. Flugzeit VII-IX.
Vorkommen: Auf Feuchtwiesen und Flachmooren, ebenso auf Trockenrasen und an lückigen Stellen in Auwäldern; überall stark zurückgegangen (besonders an den Trockenstandorten), doch an den verbliebenen Fundorten (z.B. im Alpenvorland) z.T. noch in sehr individuenreichen Beständen auf teilweise recht kleinen Flächen.
Wissenswertes: Im Gegensatz zu den meisten Arten seiner näheren Verwandtschaft setzt sich der Falter gern mit weit geöffneten Flügeln ab. Er ist regelmäßig beim Blütenbesuch, vor allem an violetten Blüten, zu beobachten. Zur Eiablage setzt sich das Weibchen jeweils an einen Grashalm und lässt das Ei zu Boden fallen. Die braune, hell und dunkel längsgestreifte Raupe überwintert in einem frühen Entwicklungsstadium. Sie ernährt sich von verschiedenen Gräserarten und verpuppt sich schließlich am Boden. **RL, §!**

Rostbinde
Hipparchia semele   FAM. AUGENFALTER

Merkmale: Spannweite 48-55 mm. Flügeloberseite dunkelbraun mit wenig ausgedehnten, rostgelben Zeichnungen und 2 Augenflecken im Vorderflügel; Unterseite der Hinterflügel unscheinbar grau marmoriert, der Vorderflügel viel ausgedehnter gelb als auf der Oberseite. Flugzeit VI-IX. Raupe graugelb mit dunkleren Längsbinden.
Vorkommen: Auf lückig bewachsenen, felsigen Trockenrasen und offenen Sandheiden; von den Alpen bis ins norddeutsche Flachland, aber überall nur sehr vereinzelt an zusagenden Stellen.
Wissenswertes: Der Falter fliegt an manchen süddeutschen Fundorten gemeinsam mit der Berghexe. Wie diese setzt er sich meist mit zusammengeklappten Flügeln am Boden ab und ist dann schwer zu entdecken. Bei Beunruhigung schiebt er die Vorderflügel hoch und präsentiert deren auffallende Unterseite. **RL, §!**

AUGENFALTER 145

Kleiner Waldportier
Hipparchia alcyone FAM. AUGENFALTER

Merkmale: Spannweite 54-58 mm. Flügel oberseits dunkelbraun mit blass gelblicher Binde, die im Vorderflügel 1-2 Augenflecke einschließt; Unterseite der Hinterflügel in der Basalhälfte schwarzbraun, davor eine scharf abgesetzte, gezackte, weiße Binde. Flugzeit VII-VIII. Raupe bräunlich mit dunklem Rückenstreifen.

Vorkommen: Auf offenen felsigen, steinigen oder sandigen Flächen, v.a. in klimatisch begünstigten Gebieten; überall stark zurückgegangen, vielerorts heute ganz verschwunden.

Wissenswertes: Der Falter setzt sich gern mit geschlossenen Flügeln an Baumstämmen, aber auch am Boden ab. RL! §!

Ähnlich: Der kaum größere **Große Waldportier** *Hipparchia fagi* ist nur durch Untersuchung präparierter Falter mit Sicherheit zu unterscheiden. RL! §!

Weißer Waldportier
Aulocera circe FAMILIE AUGENFALTER

Merkmale: Spannweite 55-65 mm. Flügel oberseits dunkelbraun mit breiter, weißer Binde, die sich im Vorderflügel in einzelne Flecke auflöst; Unterseite des Hinterflügels ähnlich wie beim Kleinen Waldportier, aber mit weniger scharf abgesetzter weißer Binde. Flugzeit VI-IX. Raupe hellgrau mit dunkleren Längsstreifen.

Vorkommen: In lockeren Wäldern, an Waldrändern und auf Trockenrasen an warmen Stellen; fast überall selten geworden, nur im Mittelmeergebiet noch ziemlich häufig anzutreffen.

Wissenswertes: Die Falter saugen außer an Blüten gern an ausfließenden Baumsäften, z.B. an blutenden Eichen. Die Eier werden vom Weibchen einzeln fallen gelassen. Die Raupe überwintert noch sehr klein und ernährt sich von verschiedenen Gräsern. RL, §!

Schachbrett *Melanargia galathea*   FAMILIE AUGENFALTER

Merkmale: Spannweite 37-52 mm. Durch die oberseits schachbrettartig schwarz-weiß gemusterten Flügel mit keinem anderen heimischen Tagfalter zu verwechseln (im Mittelmeergebiet kommen allerdings einige sehr ähnliche Arten vor); Unterseite viel kontrastärmer gezeichnet, Hinterflügel mit einer Reihe kleiner Augenflecke. Flugzeit VI-VIII. Raupe hellbraun oder grün gefärbt, heller und dunkler gestreift, stets mit braunem Kopf.

Vorkommen: Auf Trockenwiesen, Waldlichtungen und grasbewachsenen Sandflächen, gern auch in typischen Sekundärlebensräumen, etwa an Straßenböschungen, Hochwasserdämmen oder in Kiesgruben; fast überall häufig und gebietsweise (z.B. im nördlichen D) sogar in Ausbreitung begriffen.

Wissenswertes: Im Gegensatz zu vielen anderen Tagfaltern warten die Männchen nicht von Ansitzplätzen aus auf vorbeikommende Weibchen, sondern führen dicht über dem Boden Suchflüge aus, bei denen sie in den Entwicklungsgebieten der Raupen nach frisch geschlüpften Partnerinnen Ausschau halten. Ältere, Blüten besuchende Weibchen üben dagegen auf sie kaum Anziehungskraft aus.

Zur Eiablage fliegen die Weibchen Grashalme an und lassen dort nach kurzer Rast ein oder wenige Eier fallen. Die Raupe überwintert noch sehr klein. Zunächst frisst sie tagsüber, später dann nur noch nachts, und zwar an Zwenken, Rispengräsern und Trespen-Arten. Zur Verpuppung fertigt sie sich ein kleines Gespinst am Boden. §!

AUGENFALTER 147

Admiral *Vanessa atalanta*

FAMILIE EDELFALTER

Merkmale: Spannweite 50-60 mm. Vorderflügel mit roter Binde und schwarzer, weiß gefleckter Spitze; Unterseite der Hinterflügel dunkelbraun marmoriert, mit dunkler Zeichnung in Form einer »8«. Flugzeit ganzjährig. Raupe in 2 Färbungsvarianten, zum einen schwarz mit kontrastreich abgesetzten gelben Seitenflecken, zum andern grau bis braun mit weniger deutlichen, hellen Flecken.

Vorkommen: Vor allem an Waldrändern, auf Streuobstwiesen sowie im Siedlungsbereich, doch auch in einer Vielzahl anderer Lebensräume; überall häufig.

Wissenswertes: Der Falter ist in Gärten oft an Fallobst, aber auch am Schmetterlingsflieder (Buddleja) zu beobachten. Seine Raupe entwickelt sich in M.-EU offenbar ausschließlich an der Großen Brennnessel, in S-EU auch an Glaskraut-Arten *(Parietaria*-Arten*)*. Das Weibchen legt seine Eier einzeln ab, vorzugsweise an sonnig stehende kleinere Pflanzen. Die Raupe ist anhand ihres charakteristischen Verstecks leicht zu finden (kleines Foto): Sie benagt ein Brennnesselblatt am Ende des Blattstiels, worauf dieses nach unten abknickt und sich zu einer Art Zelt zusammenrollt. In diesem hält sie sich tagsüber fast immer verborgen; auch die Verpuppung findet darin statt.

Die Art überwintert eigentlich als Falter, kann aber in unseren Breiten die kalte Jahreszeit nur selten überleben. Alljährlich erfolgt jedoch über die Alpen ein Zuflug neuer Falter aus S-EU und N-Afrika.

Distelfalter *Vanessa cardui*

FAMILIE EDELFALTER

Merkmale: Spannweite 45-60 mm. Spitzen der Vorderflügel wie beim Admiral, Flügeloberseite ansonsten gelbbraun bis rosa mit dunklerer Fleckung. Flugzeit ganzjährig. Raupe sehr variabel gefärbt, von grau über ockerbraun bis dunkelbraun, stets mit feinen, gelblichen Längslinien gezeichnet.

Vorkommen: Vorwiegend in offenen, trockenen Lebensräumen, z.B. an Wegrändern, auf Trockenrasen und sonnigem Ödland, doch auch auf kultivierten Flächen; zumeist häufig, doch mit jahrweise stark schwankender Individuenzahl.

Wissenswertes: Der D. ist ebenso wie der Admiral ein ausgesprochener Wanderfalter. Er überwintert wie dieser als Falter, geht aber nördlich der Alpen und offenbar sogar im Mittelmeergebiet während des Winters fast immer zugrunde, da sich die Falter, anders als beim Admiral und den *Nymphalis*-Arten, nicht zu einer Winterruhe zurückziehen, sondern aktiv bleiben. Die Populationen bauen sich daher alljährlich neu aus Tieren auf, die von N-Afrika über das Mittelmeer hinweg eingewandert sind. Die ersten dieser Einwanderer erreichen Ende März das südliche EU. Einige von ihnen fliegen gleich weiter, andere bringen dort eine Nachfolgegeneration hervor, die meist im Mai die Alpen überquert. Diese Tiere vermischen sich mit den in M.-EU geborenen Faltern, und später können hier noch 1-2 weitere Generationen folgen. Ab Juli wandern einzelne Exemplare dann wieder gen Süden. Im Gegensatz zum oft recht gehäuften Einflug nach Norden geschieht die Rückwanderung immer recht unauffällig und zieht sich über eine lange Zeit hin.

Die einzeln lebende Raupe entwickelt sich meist an Distel-Arten, kann aber auch an Huflattich, Kletten oder Brennnesseln gefunden werden. Sie verbirgt sich zwischen lose zusammengesponnenen Blättern der Futterpflanze und ist daher nicht leicht zu entdecken. Die Verpuppung zu einer schlanken Sturzpuppe mit goldglänzenden Flecken erfolgt meist etwas abseits der Fraßpflanze.

EDELFALTER 149

Tagpfauenauge *Nymphalis io* FAMILIE EDELFALTER

Merkmale: Spannweite 50-55 mm. Durch die typischen Augenzeichnungen auf den Vorder- und Hinterflügeln mit keinem anderen Schmetterling zu verwechseln; Unterseite aller Flügel dunkelbraun marmoriert. Flugzeit ganzjährig. Raupe schwarz mit zahlreichen weißen Punkten.
Vorkommen: In den verschiedensten Lebensräumen; überall sehr häufig.
Wissenswertes: Der Falter bringt im Allgemeinen 2, gelegentlich auch 3 Generationen im Jahr hervor, in klimatisch ungünstigeren Lagen, etwa im Bergland, dagegen nur eine. Raupennährpflanze ist bei uns ausschließlich die Große Brennnessel. Die Eiablage erfolgt vorzugsweise an die Blattunterseite frisch ausgetriebener Pflanzen in Gelegen von durchschnittlich etwa 100 Eiern. Die Jungraupen überziehen die Triebe, an denen sie fressen, mit einem gemeinsamen Gespinst. Erst im vorletzten Häutungsstadium trennen sie sich allmählich voneinander und suchen schließlich verborgene Orte auf, wo sie sich z.B. an einem dürren Zweig zur Verpuppung festheften. Nach 2-3 Wochen schlüpft aus der Sturzpuppe der fertige Falter, der sich kurz darauf wieder fortpflanzt oder sich zur Winterruhe in ein geschütztes Quartier (Dachboden, Höhle, Fuchsbau o.ä.) zurückzieht. Die Winterruhe dauert bis März oder April, dann sind die frisch erwachten Falter an den ersten Frühlingsblühern bei der Nektaraufnahme zu beobachten. Die Männchen besetzen anschließend eigene Reviere, in denen sie die zur Eiablage auftauchenden Weibchen begatten.

Kleiner Fuchs *Nymphalis urticae* FAMILIE EDELFALTER

Merkmale: Spannweite rund 40-50 mm. Flügel oberseits gelbrot mit blauen, mondförmigen Randflecken, unterseits unauffällig hell- und dunkelbraun gemustert. Flugzeit ganzjährig. Raupe dunkelgrau mit 2 kontrastreich abgesetzten, zitronengelben Längsbinden in der Rückenmitte und weiteren derartigen Längsstreifen an den Seiten.
Vorkommen: In offenen Lebensräumen überall sehr häufig, einer der häufigsten Tagfalter.
Wissenswertes: Schon im Februar, spätestens im März, verlassen die überwinterten Falter ihre Schlupfwinkel und saugen an den allerersten Frühlingsblüten (gern z.B. am Huflattich) Nektar. Wenig später beginnen die Tiere sich fortzupflanzen. Wie das Tagpfauenauge entwickelt sich auch der K.F. bei uns ausschließlich an der Brennnessel. Die Eiablage erfolgt nur an sonnig stehenden, frisch ausgetriebenen Pflanzen, im Gegensatz zum Tagpfauenauge aber vorzugsweise an trockenen Standorten. Das Weibchen heftet seine Eier in dichten Gelegen von etwa 50-200 Stück an die Blattunterseite. Die Raupen leben wie diejenigen des Tagpfauenauges zunächst gelegeweise beieinander, und zwar in dicht gewobenen, gemeinsamen Raupennestern. Erst nach der 2. Häutung, wenn sich ihre gelben Längsstreifen ausgebildet haben, sind sie leicht von denen der verwandten Art zu unterscheiden. Die Raupen der 1. Generation können sich bereits Mitte bis Ende Mai verpuppen. Nach kurzer Puppenruhe erscheinen dann zwischen Ende Mai und Mitte Juni die ersten Falter der neuen Generation. Um diese Zeit sind ihre Eltern längst gestorben. Die neuen Falter legen noch im Juni Eier, und ab Anfang Juli, meist aber erst im August, beginnt die 2. Jahresgeneration zu fliegen. Fast immer ziehen sich diese Tiere wenig später in ein Winterquartier (recht oft in Gebäuden) zurück; nur in Ausnahmefällen scheinen sie sich noch im gleichen Jahr ihrerseits fortzupflanzen und damit eine 3. Faltergeneration hervorzubringen.

EDELFALTER 151

Großer Fuchs *Nymphalis polychloros*   FAMILIE EDELFALTER

◁ *Raupe* △ *Puppe*

Merkmale: Spannweite 50-55 mm. Ähnlich dem Kleinen Fuchs, außer an der etwas größeren Flügelspannweite von diesem durch die Zeichnung der Hinterflügeloberseite sicher zu unterscheiden: beim Kleinen Fuchs ganze basale Flügelhälfte schwarzbraun, beim G. F. nur ein relativ kleiner dunkler Fleck in der Mitte des Vorderrands. Flugzeit ganzjährig. Raupe graubraun mit wenig auffallenden, gelbbraunen Längsstreifen und gelbbraunen Dornen.

Vorkommen: An Waldrändern, in lichten Wäldern, auf verbuschten Trockenrasen, auch in Gärten und auf Obstwiesen; in M.-EU überall stark zurückgegangen, aus vielen Gebieten ganz verschwunden, in S-EU dagegen noch stellenweise recht häufig.
Wissenswertes: Der Falter ist oft beim Blütenbesuch zu beobachten, z.B. nach dem Ende der Winterruhe an blühenden Sal-Weiden oder später an Schlehen- und Löwenzahnblüten. Daneben saugt er aber auch gern an austretendem Baumsaft, an Wasserpfützen oder an frischem Kot. Als Futterpflanzen der Raupen dienen vor allem Weiden-, Pappel- und Ulmen-Arten, außerdem Obstbäume. Die Eier werden in dichten Spiegeln von etwa 70-100 Stück um dünne Zweige gelegt. Die Raupen leben zunächst gesellig, erst im letzten Stadium vereinzeln sie sich. Zum Rückgang der Art dürfte der verstärkte Einsatz von Spritzmitteln in der Landwirtschaft ebenso beigetragen haben wie das in der Forstbewirtschaftung übliche Entfernen der Weichhölzer entlang von Waldsäumen. **RL, §!**

Trauermantel *Nymphalis antiopa*   FAMILIE EDELFALTER

Merkmale: Spannweite 55-75 mm. Auffallend groß, Flügel oberseits dunkelbraun mit blauen Saumflecken und rahmfarbener (nach der Überwinterung weißer) Randbinde; Unterseite ähnlich der Oberseite, doch ohne blaue Flecke. Flugzeit ganzjährig.
Raupe schwarzbraun mit einer gelbroten bis roten Fleckenreihe in der Rückenmitte.
Vorkommen: Überwiegend in Laub- und Nadelwäldern, auch an Alleen, in Steinbrüchen und in Obstgärten, gern an etwas feuchten Stellen; in M.-EU ziemlich selten geworden, am häufigsten noch in feuchtkühlen Klimagebieten (z.B. im Bergland oder im nördlichen D).
Wissenswertes: Die Falter sind nur selten beim Blütenbesuch zu beobachten. Viel häufiger sieht man sie an Baumwunden saugen, im Spätsommer und Herbst auch an Fallobst. Als Futterpflanzen der Raupen dienen gewöhnlich Sal-Weiden oder Birken. Wie beim Großen Fuchs werden die Eier in dichten Spiegeln von manchmal über 200 Stück um dünne Zweige gelegt. Die Raupen leben bis zum letzten Stadium gesellig beieinander und können dabei einzelne Zweige der Futterpflanze völlig kahl fressen. Zur Verpuppung verlassen sie den Baum und suchen sich einzeln Verstecke in der näheren Umgebung.
Der starke Rückgang dieser Art ist wohl nicht allein auf Umweltveränderungen zurückzuführen. Ganz offensichtlich spielen auch spezielle Parasiten (Raupenfliegen und Schlupfwespen) dabei eine wichtige Rolle. Nachdem in guten Falterjahren gebietsweise ein auffallend starker Parasitenbefall festzustellen war, gingen die Falterpopulationen in den Folgejahren überall dramatisch zurück. Erst in jüngster Zeit wird die Art wieder häufiger beobachtet. Offenbar sind mit dem Rückgang ihrer Wirte, nur zeitlich etwas versetzt, zwangsläufig auch die Parasiten seltener geworden. Dieses in der Fachsprache als »Massenwechsel« bezeichnete Phänomen lässt sich auch bei einigen anderen heimischen Schmetterlingsarten beobachten. **(RL), §!**

EDELFALTER 153

C-Falter *Nymphalis c-album* FAMILIE EDELFALTER

Merkmale: Spannweite 42-50 mm. Im Erscheinungsbild an den Kleinen Fuchs erinnernd, doch mit auffallend zackig eingeschnittenen Flügelrändern; Unterseite der Hinterflügel mit weißlicher, c-förmiger Zeichnung. Flugzeit ganzjährig. Raupe gelbbraun bis gelbrot, im hinteren Teil am Rücken scharf abgesetzt weiß gefärbt.
Vorkommen: Vorwiegend in lichten Wäldern, an Waldrändern und auf Obstwiesen; fast überall ziemlich häufig, doch meist in geringer Individuendichte.
Wissenswertes: Der Falter verlässt bereits zeitig im Vorfrühling (oft schon im Februar) sein Winterquartier und kann dann regelmäßig z.B. an blühenden Weidenkätzchen beobachtet werden. Im Sommer besucht er gern Disteln, aber noch häufiger blutende Bäume, Aas und Kot oder überreifes Fallobst. Die Männchen besetzen Reviere, die sie von einem Ansitz am Boden oder auf einer Zweigspitze aus überwachen. Von hier fliegen sie andere Falter, durchaus auch größere Arten, an und versuchen sie zu vertreiben.
Die eigenartig gezeichnete Raupe erinnert auffällig an Vogelkot, zumal sie oft in einer stark zusammengekrümmten Körperhaltung ruht. Sie kann sich an vielen verschiedenen Pflanzen entwickeln, neben der Brennnessel u.a. auch an der Sal-Weide, an Hopfen, Hasel und Ulmen sowie an Stachel- und Johannisbeeren. Die Eier werden einzeln an der Futterpflanze abgelegt.
Die Art bringt im Allgemeinen 2 Generationen im Jahr hervor, die sich vor allem in der Färbung der Hinterflügelunterseite unterscheiden. Die überwinternde Generation weist dort eine dunkelbraune, im Randbereich oft metallisch grün glänzende Färbung auf (linkes Bild), während die sich noch im gleichen Jahr wieder fortpflanzende Sommergeneration an dieser Stelle recht bunt gelb, braun und violett gescheckt ist. §!

Landkärtchen *Araschnia levana* FAMILIE EDELFALTER

Merkmale: Spannweite 28-40 mm. Falter der beiden Generationen sehr verschieden gefärbt: Flügeloberseite im Frühjahr gelbrot mit schwarzer Fleckung (forma *levana*, linkes großes Foto), im Sommer schwarzbraun mit weißlicher Fleckung (forma *prorsa*, rechtes Foto); Flügelunterseite mit charakteristischem Linien- und Fleckenmuster, das an eine Landkarte erinnert (kleines Foto). Flugzeit IV-IX. Raupe schwarzbraun mit braunen Stacheln; im Gegensatz zu den *Nymphalis*- und *Vanessa*-Arten 2 Dornen auch auf der Kopfkapsel.
Vorkommen: An Wald- und Wegrändern, oft auch an schattigen Stellen; nicht selten.
Wissenswertes: Die hell gefärbten Falter der Frühlingsgeneration schlüpfen aus überwinterten Puppen. Die dunkel gefärbten Tiere der nachfolgenden Sommergeneration sehen so anders aus, dass man sie ohne Kenntnis der Zusammenhänge zweifellos für Angehörige einer anderen Art halten muss. In aufwändigen Untersuchungen ließ sich aber belegen, dass die Färbungs- und Zeichnungsunterschiede allein auf die unterschiedlichen Umweltbedingungen zurückzuführen sind, denen die Puppen ausgesetzt waren. Insbesondere Tageslänge und Temperatur spielen hierbei eine Rolle.
Raupennährpflanze ist ausschließlich die Brennnessel. Die Eier werden an der Blattunterseite in kleinen Türmchen von jeweils bis zu 10 Stück untereinander geklebt. Die aus den Eiern der Sommergeneration schlüpfenden Raupen verpuppen sich im Spätsommer und überwintern, selten entwickeln sich einzelne von ihnen noch im gleichen Jahr bis zum Falter.

EDELFALTER

EDELFALTER 155

Erdbeerbaumfalter *Charaxes jasius* — FAMILIE EDELFALTER

Merkmale: Mit einer Spannweite von 75-85 mm der größte europäische Tagfalter; durch die außerordentlich bunt gezeichnete Flügelunterseite und die 2 Schwanzfortsätze an jedem Hinterflügel unverwechselbar. Flugzeit V-IX in 2 Generationen. Raupe grün, fein gelb gepunktet, mit 4 langen Hörnern an der Kopfkapsel.

Vorkommen: In küstennahen Regionen des Mittelmeergebiets in Gebüschen und an Waldrändern, regelmäßig auch im Siedlungsbereich; in M.-EU fehlend.

Wissenswertes: Der auffällige Falter hält sich gern in halbschattigen Bereichen auf und zeigt eine Vorliebe für süßes Obst. Im September kann man ihn z.B. regelmäßig an aufgeplatzten, überreifen Feigen beobachten, sowohl an solchen, die noch am Baum hängen, als auch an abgefallenen. Futterpflanze der Raupe ist der Erdbeerbaum. Der Falter legt seine runden, etwa 2 mm großen, gelben Eier einzeln oder zu wenigen dicht beieinander auf der Ober- oder Unterseite der ledrigen Blätter ab, wo sie verhältnismäßig leicht zu entdecken sind. Die Raupe webt sich meist auf der Mitte der Blattoberseite ein flächiges Seidengespinst, das ihr als Ruheplatz dient. Zum Fressen wandert sie, zumindest in den älteren Stadien, zu anderen Blättern und kehrt in den Fraßpausen jeweils zu ihrem Ruheplatz zurück. Dieser kann aber im Lauf der Entwicklung mehrfach wechseln. Die Raupen der Frühsommergeneration entwickeln sich recht zügig zur spätsommerlichen 2. Faltergeneration. Die aus den im September abgelegten Eiern schlüpfenden Raupen überwintern und ergeben im nächsten Frühjahr eine neue Generation von Schmetterlingen. Die Verpuppung findet meist an der Nahrungspflanze statt. Die vergleichsweise kleine Puppe ist regelmäßig oval geformt und weißlich grün gefärbt. **§!**

Großer Eisvogel *Limenitis populi* — FAMILIE EDELFALTER

Merkmale: Dieser größte heimische Tagfalter erreicht eine Spannweite von 65-80 mm. Flugzeit V-VIII. Raupe grün mit verwaschenen hellen und dunklen Zeichnungen, hinter dem Kopf mit 2 bedornten, fingerförmigen Zapfen.

Vorkommen: In lockeren, etwas feuchten Laubmischwäldern und an Waldrändern; überall selten geworden, aus weiten Gebieten bereits ganz verschwunden.

Wissenswertes: Die Falter fliegen vorzugsweise im Bereich der Baumwipfel und kommen meist nur vormittags zum Boden herab, um dort z.B. an Wasserpfützen zu saugen. Sie besuchen keine Blüten, sind aber gelegentlich an tierischen Exkrementen zu beobachten und lassen sich, ähnlich wie die Schillerfalter, durch stark riechende Käseköder anlocken.

Die Raupe entwickelt sich vor allem an der Zitter-Pappel, doch auch an anderen Pappelarten. Sie befrisst in ihrer Jugend ein Blatt von der Spitze her, lässt die Mittelrippe stehen und verlängert sie noch durch angesponnene Kotpartikel. Auf dieser »Kotrippe« hat sie ihren Ruheplatz, den sie in den Fresspausen stets aufsucht. Vor der Überwinterung beißt sie aus dem Blatt ein rundes Stück heraus, spinnt dieses flach an einem Zweig fest und biegt die Ränder zu einer Tüte zusammen. Anschließend zieht sie sich in dieses sehr gut getarnte Hibernarium zur Winterruhe zurück. Im Frühjahr wächst die Raupe schnell zu ihrer endgültigen Größe heran. Zur Verpuppung überzieht sie die Ober- oder Unterseite eines Pappelblatts mit einem flächigen Gespinst, wodurch sich das Blatt leicht einrollt. Im Schutz dieses Blattwickels wandelt sie sich zu einer hell cremefarbenen, dunkel gefleckten Puppe, die in der Rückenmitte ein auffallendes rötliches Segel trägt. **RL, §!**

EDELFALTER 157

Kleiner Eisvogel *Limenitis camilla* FAMILIE EDELFALTER

Merkmale: Spannweite 45-52 mm. Flügel oberseits schwarzbraun mit weißer Fleckenbinde, unterseits rot mit 2 Reihen schwarzer Punkte und weißer Binde. Flugzeit VI-VIII. Raupe hellgrün mit weißlicher Seitenlinie und paarigen, braunen Rückendornen.
Vorkommen: An Waldwegen und in lichten Laubwäldern, gern an feuchten Stellen; am häufigsten in Auwäldern.
Wissenswertes: Der Falter ist nur selten beim Blütenbesuch anzutreffen. Er scheint sich vorwiegend von Ausscheidungen der Blattläuse, dem Honigtau, zu ernähren. Nicht selten ist er auch an Wegpfützen oder Tierkot zu beobachten. Die Raupe entwickelt sich vorzugsweise an feuchtschattig stehenden Büschen der Roten Heckenkirsche, gelegentlich an anderen *Lonicera*-Arten. Sie baut wie die des Großen Eisvogels (⇨ S.156) zunächst eine Kotrippe an dem von ihr besetzten Blatt und fertigt zur Überwinterung ein Hibernarium an. Sie nimmt hierfür aber nicht ein abgetrenntes Blattstück, sondern schneidet mit einer ziemlich geraden Trennlinie eine Blattspitze ab und benutzt für ihre Zwecke die Blattbasis mitsamt dem Stiel, den sie am Zweig festspinnt. Anschließend biegt sie die beiden Blattzipfel über der Mittelrippe zu einer Tüte zusammen, in der sie sich verbirgt. Ihr Hinterende ragt dabei nach unten etwas aus der Blatttüte heraus. Die später bräunlich verwelkten Hibernarien mit den darin ruhenden Raupen sind im Winter an den ansonsten kahlen Heckenkirschensträuchern ziemlich leicht zu finden. **RL, §!**

Blauschwarzer Eisvogel
Limenitis reducta FAMILIE EDELFALTER

Merkmale: Spannweite 45-50 mm. Recht ähnlich dem Kleinen Eisvogel, doch Flügeloberseite mit deutlichem blauem Schimmer; in der Basalhälfte des Vorderflügels ein zusätzlicher weißer Fleck, der bei *L. camilla* fehlt. Unterseite weiß und dunkelrot, mit einer einfachen Reihe schwarzer Punkte. Flugzeit V-IX. Raupe ähnlich der des Kleinen Eisvogels.
Vorkommen: An besonnten, trockenen Waldrändern; in M.-EU selten und nur an besonders warmen Orten, in S-EU häufig.
Wissenswertes: Der Wärme liebende Falter unterscheidet sich vom ähnlichen Kleinen Eisvogel v.a. durch die ganz anderen Ansprüche an den Lebensraum. Seine Raupe ist ebenfalls an Heckenkirschen zu finden, aber nur an sonnig stehenden. Während die Art nördlich der Alpen nur 1 Generation im Jahr hervorbringt, fliegt in S-EU regelmäßig im Spätsommer eine zweite. **RL, §!**

Schwarzer Trauerfalter
Neptis rivularis FAMILIE EDELFALTER

Merkmale: Spannweite 42-50 mm. Färbung ähnlich dem Kleinen Eisvogel, aber Flügel viel breiter gerundet; weiße Binde in den Hinterflügeln breiter. Flugzeit V-VIII.
Vorkommen: In warmen, feuchten Waldgebieten; in SO-EU weit verbreitet, nach N und W bis in einige südliche Alpentäler (Aostatal, Tessin und Wallis); fehlt in D.
Wissenswertes: Der Falter ist vor allem an schattigen Stellen in der Nähe von Bächen zu finden und fliegt hier nicht selten in Gesellschaft des Kleinen Eisvogels. Seine braune, mit hellen Schrägstreifen gezeichnete Raupe entwickelt sich in erster Linie am Wald-Geißbart, einer typischen Schluchtwaldpflanze. In den ersten Wachstumsstadien ruht sich die Raupe in den Fresspausen in einer kleinen Blattrolle aus, die sie sich sogleich nach dem Verlassen und Verzehren der Eihülle aus einer Blattspitze der Futterpflanze herstellt. Zur Überwinterung fertigt sie sich später eine zweite, schon deutlich größere Blattrolle an.

EDELFALTER

Großer Schillerfalter *Apatura iris*   FAMILIE EDELFALTER

Merkmale: Spannweite 55-65 mm. Flügel des ♂ (linkes großes Bild) mit je nach Lichteinfall wechselndem Blauschiller, der dem ♀ fehlt. Flugzeit VI-VIII. Raupe grün mit 2 langen, nach vorn gerichteten Kopfhörnern und zugespitztem Hinterende, einer Nacktschnecke nicht unähnlich.

Vorkommen: An Waldwegen und Waldrändern, meist an etwas feuchten Stellen; in M.-EU ziemlich verbreitet, nach N zu seltener werdend; fehlt weitgehend im Mittelmeergebiet.

Wissenswertes: Die schönen Falter halten sich vorwiegend in den Baumwipfeln auf. Vor allem morgens sind die Männchen aber auch auf Waldwegen zu beobachten, wo sie an Pfützen oder Exkrementen saugen. Sie lassen sich durch stark riechenden Käse leicht anlocken. Die Weibchen legen ihre Eier einzeln auf der Oberseite von Weidenblättern (meist von Sal-Weiden), gelegentlich auch an Pappeln ab. Die Raupe ruht auf der Mittelrippe des Blatts und befrisst dieses von den Rändern her. Zur Überwinterung spinnt sie ein Sitzpolster in einer Zweiggabel oder neben einer Knospe und schmiegt sich eng an den Zweig an. Die in diesem Stadium braun oder grün gefärbte, etwa 5 mm lange Raupe bleibt dort bis zum Frühjahr unbeweglich sitzen und vertraut auf ihre gute Tarnung. Erst mit dem Austreiben der Blattknospen wird sie wieder mobil und wächst bis Anfang Juni heran. Sie häutet sich, meist an der Unterseite eines Blatts, zu einer weißlich grünen, am Rücken scharf gekielten Puppe (rechts kl. Foto). (**RL**), §!

Kleiner Schillerfalter *Apatura ilia*   FAMILIE EDELFALTER

Links: überwinternde Raupe; rechts: erwachsene Raupe

Merkmale: Spannweite 50-60 mm. Sehr ähnlich dem Großen Schillerfalter, aber auf dem Vorderflügel mit einem hell umrandeten, schwarzen Punkt (der bei *A. iris* kaum zu erkennen ist); Grundfärbung der Flügeloberseite oft mittelbraun, dann helle Zeichnung überwiegend rötlich gelb (siehe Bild). Das ♂ dieser als forma *clytie* oder »Rotschiller« bezeichneten Farbvariante erscheint im Flug violettrot. Flugzeit V-VII. Raupe ebenfalls sehr ähnlich der der anderen Art; Kopfhörner an der Spitze deutlich zweizipfelig (bei *A. iris* nur leicht eingekerbt), unterseits meist dunkel gestreift (bei *A. iris* nicht gestreift), oberseits mit gelbweißem, rötlich getöntem Streifen (bei *A. iris* heller Streifen ohne Rottönung).

Vorkommen: Wie der Große Schillerfalter, oft mit diesem zusammen auftretend, doch deutlich wärmebedürftiger; fehlt im nördlichen D, kommt dafür aber im Mittelmeergebiet vor.

Wissenswertes: Obwohl beide Schillerfalter an den gleichen Örtlichkeiten vorkommen können, sind die Ansprüche ihrer Raupen sehr verschieden. Die Raupe des K.S. entwickelt sich meist an Zitter-Pappeln, seltener an anderen Pappeln oder an der Sal-Weide. Man findet sie in erster Linie an warm und sonnig stehenden Sträuchern und Bäumen, vor allem an solchen, die von der Nachmittagssonne beschienen werden. Zur Winterruhe sucht sie sich gewöhnlich einen Platz neben einer Knospe kurz vor der Zweigspitze, gelegentlich auch in einer Zweiggabel. Sie ist zu diesem Zeitpunkt dunkel rotbraun gefärbt und hierdurch hervorragend an die Farbe der Pappelknospen angepasst. **RL**, §!

EDELFALTER **161**

Kaisermantel *Argynnis paphia*

FAMILIE EDELFALTER

Merkmale: Spannweite 55-65 mm. Flügeloberseite orangebraun mit schwarzbraunen Flecken und Streifen, beim ♂ die 4 hinteren Längsadern der Vorderflügel mit breiten, dunklen Duftschuppenstreifen; Unterseite der Hinterflügel grünlich mit silbrig weißen, nach hinten verschmälerten Längsstreifen. ♀ außer in der normalen, dem ♂ ähnlichen Form gelegentlich auch mit graubrauner, grünlich getönter Flügeloberseite (forma *valesina*). Flugzeit VI-IX. Raupe graubraun mit gelben Längslinien und zahlreichen gelben Dornen, hinter dem Kopf 2 verlängerte, nach vorn ragende schwarze Dornen.
Vorkommen: An Waldrändern, Waldwegen und auf Waldlichtungen, gern auch auf blütenreichen, von Wald umgebenen Feuchtwiesen; in den meisten Gegenden ziemlich häufig, vor allem in den unteren und mittleren Lagen der Mittelgebirge.
Wissenswertes: Der Kaisermantel ist ein eifriger Blütenbesucher, der sich an besonders attraktiven Saugpflanzen wie Disteln oder Bärenklau nicht selten zu mehreren auf einem Blütenstand einfindet. Bei der Balz fliegt das Männchen unter einem Weibchen hindurch und sendet dabei wohl Lockstoff aus seinen Duftschuppen aus. Das Weibchen landet daraufhin und streckt dem neben ihm landenden Männchen seinen Hinterleib mit ausgestülpten, ebenfalls Lockstoff abgebenden Drüsensäcken zur Paarung entgegen. Raupennährpflanzen sind verschiedene Veilchen-Arten, insbesondere das Wald-Veilchen. Die Eiablage erfolgt nicht an die Futterpflanze, sondern in deren Nähe einzeln an Baumrinde. Die Raupe schlüpft im Spätsommer und geht ohne Nahrungsaufnahme in die Winterruhe. Erst im Frühjahr beginnt sie zu fressen, ist aber wegen ihrer nachtaktiven Lebensweise schwer zu beobachten. **§!**

Großer Perlmuttfalter *Argynnis aglaja*

FAMILIE EDELFALTER

Merkmale: Spannweite 50-55 mm. In Größe und Färbung der Flügeloberseite an den Kaisermantel erinnernd, aber ♂ mit ganz schmalen, kaum auffallenden Duftschuppenstreifen auf den Vorderflügeln; Unterseite der Hinterflügel mit runden, weißlichen Silberflecken. Flugzeit VI-VIII.
Vorkommen: In ähnlichen Lebensräumen wie der Kaisermantel, daneben aber auch in offenem Gelände, z.B. auf Feuchtwiesen und blütenreichen Trockenrasen; im Allgemeinen nicht selten, aber gebietsweise deutlich zurückgegangen.
Wissenswertes: Die zunächst graue, später schwarze Raupe trägt zahlreiche schwarze Dornen und eine Reihe roter Seitenflecke. Am Rücken ist sie gewöhnlich mit 2 weißlichen Längsbinden gezeichnet, die aber auch fehlen können. Sie entwickelt sich an verschiedenen Veilchen-Arten, daneben nach Literaturangaben auch am Schlangen-Knöterich. Sie schlüpft im Sommer aus dem Ei und überwintert noch sehr klein am Boden. Erst im nächsten Frühjahr beginnt sie zu fressen und zu wachsen. Da sie eine nachtaktive Lebensweise führt, ist sie außerordentlich schwer zu finden. Die Verpuppung findet knapp über dem Boden in einem für einen Tagfalter ungewöhnlich dichten Gespinst statt. **(RL), §!**

> *Ähnlich:* Der **Kardinal** *Argynnis pandora*, ein ebenfalls auffallend großer Perlmuttfalter. Er wird mit 60-70 mm Flügelspannweite noch etwas größer als der Kaisermantel und hat
>
>
>
> Oberseite Unterseite
>
> wie dieser silbrige Längsstreifen auf der grünlichen Hinterflügelunterseite, die aber viel schwächer entwickelt sind. Sein Vorkommen beschränkt sich auf das südliche EU.

EDELFALTER 163

Kleiner Perlmuttfalter *Issoria lathonia* FAMILIE EDELFALTER

Merkmale: Spannweite etwa 35-45 mm. Flügeloberseite mit ziemlich regelmäßig verteilten, rundlichen dunklen Flecken; Unterseite der Hinterflügel mit auffallend großen, rundlichen Silberflecken, die ungefähr eine ebenso große Fläche einnehmen wie die Grundfärbung. Flugzeit IV-X. Raupe schwarz mit unterbrochener heller Doppellängsbinde in der Rückenmitte und weißlichen, auf hellbraunen Höckern stehenden Dornen.
Vorkommen: Auf Trockenwiesen, an Wegrändern, auf Ödland und Stoppeläckern; gebietsweise nicht selten; früher einer der häufigsten Tagfalter, doch heute in den meisten Gegenden stark zurückgegangen.
Wissenswertes: Die Männchen setzen sich gern an offenen Bodenstellen ab und fliegen von dort aus andere Schmetterlinge an, die in ihr Revier eindringen. Um Nektar zu saugen, besuchen die Falter besonders gern die Blüten von Flockenblumen. Die Raupen entwickeln sich an verschiedenen Veilchen- und Stiefmütterchen-Arten, vorzugsweise am Acker-Stiefmütterchen. Die Eier werden vom Weibchen einzeln an der Blattunterseite der Futterpflanze abgelegt.
Die mitteleuropäischen Populationen des K.P. werden von Zeit zu Zeit durch Zuwanderung einzelner Falter aus S-EU aufgefrischt. Hierdurch und auch durch den Umstand, dass vor allem im Spätsommer immer frisch aussehende Falter und Exemplare mit stark abgeflogenen Flügeln nebeneinander auftreten, ist eine exakte Angabe der Generationenabfolge kaum möglich. Es scheint aber so, dass bei uns nacheinander 3-4 Generationen im Jahr auftreten können. Neben Raupen und Puppen vermögen offenbar auch fertig entwickelte Falter zu überwintern, nördlich der Alpen allerdings nur ausnahmsweise. §!

Mädesüß-Perlmuttfalter
Brenthis ino FAMILIE EDELFALTER

Merkmale: Spannweite 32-40 mm. Vorderflügel oberseits mit einer Reihe runder, schwarzer Flecke parallel zum Flügelrand, von denen der mittlere deutlich kleiner ist; Unterseite der Hinterflügel ohne Silberflecke, aber mit schmalem, violettem Streifen. Flugzeit VI-VII. Raupe vorwiegend grau gefärbt, hell längsgestreift.
Vorkommen: Auf Feuchtwiesen und in feuchten Wäldern, gelegentlich auch auf Trockenrasen; überall ziemlich selten und durch den Rückgang geeigneter Lebensräume gefährdet.
Wissenswertes: Die Raupe entwickelt sich meist am Mädesüß, wurde aber auch schon an Großem und Kleinem Wiesenknopf sowie am Blutauge gefunden. Sie überwintert halbwüchsig und nimmt danach ab Mai wieder Nahrung auf. Gewöhnlich frisst sie nur nachts, tagsüber hält sie sich meist an der Blattunterseite verborgen. (RL), §!

Silberfleck-Perlmuttfalter
Boloria euphrosyne FAMILIE EDELFALTER

Merkmale: Spannweite 32-40 mm. An der Flügeloberseite kaum von anderen Perlmuttfaltern zu unterscheiden; Unterseite des Hinterflügels mit ziegelroter Grundfärbung, nahe der Flügelbasis ein kleiner schwarzer, gelb umrandeter Punkt, etwa in der Mitte eine blassgelbe, gezackte Binde, die einen scharf abgesetzten, weißen Silberfleck einschließt. Flugzeit IV-IX.
Vorkommen: An Waldrändern, an Waldwegen und auf Waldlichtungen, daneben auch auf trockenen oder feuchten Wiesen; in vielen Gegenden noch ziemlich häufig, doch fast überall deutlich zurückgehend.
Wissenswertes: Die fast schwarze, an den Seiten hell gestreifte Raupe frisst an verschiedenen Veilchen-Arten. Sie überwintert meist halbwüchsig, kann sich in günstigen Jahren aber auch weiter entwickeln und dann im Spätsommer eine 2. Faltergeneration hervorbringen. In höheren Lagen fliegt aber stets nur 1 Generation, die bereits im zeitigen Frühjahr (vor den meisten übrigen Perlmuttfaltern) erscheinen kann. RL, §!

Braunfleckiger Perlmuttfalter
Boloria selene   FAMILIE EDELFALTER

Merkmale: Spannweite 28-38 mm. Sehr ähnlich dem Silberfleck-Perlmuttfalter (⇨ S.164), Hinterflügel-Unterseite aber nicht so ausgedehnt ziegelrot gefärbt, schwarzer Punkt an der Hinterflügelbasis größer und gelbe Binde mit 3 weniger scharf kontrastierenden Silberflecken. Flugzeit VI-IX. Raupe dunkelgrau mit wenig auffallenden, helleren Zeichnungen.

Vorkommen: Vorzugsweise auf Sumpf- und Moorwiesen, daneben auch in feuchten, lückigen Wäldern sowie auf Trockenwiesen; im Bergland und im Alpenvorland noch ziemlich häufig, sonst gebietsweise bereits recht selten geworden.

Wissenswertes: Die Falter fliegen meist in 2 Generationen pro Jahr. Ihre Raupen leben an verschiedenen Veilchen-Arten, etwa an Hunds-Veilchen oder am Sumpf-Veilchen. (RL), §!

Hochmoor-Perlmuttfalter
Boloria aquilonaris   FAMILIE EDELFALTER

Merkmale: Spannweite 30-35 mm. Vorderflügel unterseits kontrastreich dunkel gefleckt, Hinterflügel mit braunroter Grundfärbung, zum Außenrand hin meist violett getönt und in der Mitte mit scharf abgesetzter weißer, z.T. gelblicher Zackenbinde. Flugzeit VI-VII.

Vorkommen: Nur in Hochmoorgebieten; in letzter Zeit überall stark zurückgegangen und aus vielen Gegenden bereits vollständig verschwunden.

Wissenswertes: Die Raupe entwickelt sich an der Gewöhnlichen und der Kleinfrüchtigen Moosbeere. Bevorzugt legen die Falterweibchen ihre Eier in ehemaligen Torfstichbereichen mit üppigen Rasen der Futterpflanzen ab. Die Raupen fressen tagsüber und verbergen sich bei ungünstiger Witterung in den Torfmoosrasen. Manchmal entfernen sich die Falter recht weit von den Entwicklungsorten ihrer Raupen und sind oft auf Feuchtwiesen am Rand der Moore beim Blütenbesuch zu beobachten. RL, §!

Natterwurz-Perlmuttfalter
Boloria titania   FAMILIE EDELFALTER

Merkmale: Spannweite 30-35 mm. Flügeloberseite mit breiterer dunkler Zeichnung als bei den meisten übrigen Perlmuttfaltern; Unterseite der Hinterflügel parallel zum Außenrand mit einer Reihe nach innen gerichteter Pfeile oder Dreiecke, die eine davor liegende Reihe dunkler Punkte oder Kreise fast berühren, sodass der Eindruck von kleinen »Halma-Männchen« entsteht. Flugzeit VI-VIII.

Vorkommen: Auf mehr oder weniger feuchten Wiesen in Waldnähe; in den Alpen, im Alpenvorland und im Schwarzwald von mittleren Höhen bis etwa zur Waldgrenze; überall ziemlich selten.

Wissenswertes: Die schwarze, mit kontrastreich gelb abgesetzten Dornen bestückte Raupe entwickelt sich nach neueren Beobachtungen am Schlangen-Knöterich, der vielfach auch als Natterwurz bezeichnet wird. Da an einigen Fundorten des Falters diese Pflanze aber fehlt, könnten auch die in der älteren Literatur mehrfach genannten Veilchen, z.B. das Zweiblütige Veilchen, als Raupennahrung dienen. RL, §!

Randring-Perlmuttfalter
Boloria eunomia   FAMILIE EDELFALTER

Merkmale: Spannweite 28-40 mm. ♂ oberseits ähnlich den meisten übrigen Perlmuttfaltern, ♀ viel dunkler gezeichnet; Unterseite der Hinterflügel parallel zum Außenrand mit einer auffallenden Reihe dunkler Ringflecke. Flugzeit V-VII. Raupe graubraun mit Dornen.

Vorkommen: Auf Feuchtwiesen und in Niedermooren; in M.-EU inselartig z.B. im Schwarzwald und im Alpenvorland, aber überall selten, in der Schweiz ganz fehlend.

Wissenswertes: Die bisher erst selten gefundene Raupe entwickelt sich offenbar ausschließlich am Schlangen-Knöterich. Bereits im Spätsommer sucht sie ein Winterquartier am Boden auf. Die Art kommt manchmal mit extrem kleinen Beständen ihrer Futterpflanze aus. Sie reagiert aber sehr empfindlich auf Veränderungen am Standort, v.a. Beweidung oder zu häufiges Mähen. RL, §!

EDELFALTER 167

Roter Scheckenfalter *Melitaea didyma* — FAMILIE EDELFALTER

Merkmale: Spannweite 30–40 mm. Geschlechter deutlich verschieden gefärbt: Flügeloberseite beim ♂ (linkes gr. Foto) in frischem Zustand feurig rotorange, beim ♀ überaus variabel, mehr oder weniger stark graubraun verdunkelt, meist Vorderflügel deutlich dunkler als Hinterflügel; Unterseite der Hinterflügel mit cremeweißer Grundfärbung und 2 orangefarbenen Zackenbinden. Flugzeit VI–VIII. Raupe mit ähnlichem Farbmuster wie die Unterseite der Hinterflügel beim Falter.

Vorkommen: An ausgesprochen trockenwarmen, offenen Stellen, in Felssteppen und auf Trockenrasen ebenso wie in vegetationsarmen Sandgebieten; in S-EU und im südlichen M.-EU gebietsweise nicht selten, im nördlichen D fehlend.

Wissenswertes: Dieser kaum verwechselbare, schöne Scheckenfalter fliegt in M.-EU in einer langgezogenen Generation, im Mittelmeergebiet in 2–3 Generationen pro Jahr. Die sehr unterschiedliche Färbung der Weibchen hängt offensichtlich mit den klimatischen Faktoren am jeweiligen Fundort zusammen.

Die farbenprächtige Raupe entwickelt sich an recht verschiedenen Pflanzen, mit besonderer Vorliebe aber am Gewöhnlichen Leinkraut oder am Aufrechten Ziest. Sie überwintert in einem Gespinst an einer Pflanze und verpuppt sich im darauf folgenden Frühsommer meist frei sichtbar an dürren Stängeln oder Steinen. Die Sturzpuppe (rechtes kleines Foto) zeigt ein ähnlich auffälliges Farbmuster wie die Raupe. **RL, §!**

Wachtelweizen-Scheckenfalter *Melitaea athalia* — EDELFALTER

Merkmale: Spannweite 25–38 mm. Schwer von verwandten Arten zu unterscheiden, mit letzter Sicherheit nur durch Präparation der Genitalorgane zu bestimmen; Grundfärbung orange mit sehr variabler dunkler Zeichnung. Flugzeit V–VIII. Raupe grau und weiß gesprenkelt mit gelben Dornen.

Vorkommen: Auf feuchten und trockenen, blütenreichen Wiesen; früher überall häufig, in den letzten Jahren aber seltener geworden, inzwischen fast nur noch in extensiv bewirtschafteten Bereichen.

Wissenswertes: Die Raupe entwickelt sich an Wiesen-Wachtelweizen, Spitz-Wegerich und einigen weiteren Pflanzen. Meist bildet die Art 1, gelegentlich 2 Generationen im Jahr aus. **RL, §!**
Ähnlich: Die Art kann nur nach mikroskopischen Merkmalen mit letzter Sicherheit von einigen sehr ähnlichen, aber meist selteneren Scheckenfaltern unterschieden werden.

Wegerichscheckenfalter *Melitaea cinxia* — FAMILIE EDELFALTER

Merkmale: Spannweite 33–40 mm. Oberseite der Hinterflügel vor dem Außenrand mit orangefarbener Binde, in der schwarze Punkte liegen. Flugzeit V–VII. Raupe beinahe ganz schwarz, mit leuchtend rotem Kopf.

Vorkommen: Vorwiegend in trockenen, offenen Lebensräumen, z.B. auf Trockenrasen, an Waldrändern und in Streuobstwiesen, daneben auch auf Feuchtwiesen; früher einer der häufigsten Scheckenfalter (die Art wird in älteren Werken meist als »Gemeiner Scheckenfalter« geführt), heute in den meisten Gebieten bereits eine ausgesprochene Rarität.

Wissenswertes: Die unverwechselbare Raupe entwickelt sich hauptsächlich an Wegerich-Arten, geht aber gelegentlich auch an andere Pflanzen. Gewöhnlich fliegen die Falter in 1 Generation, bei günstigem Witterungsverlauf teilweise auch in 2 Generationen pro Jahr. **RL, §!**

Maivogel
Euphydryas maturna FAM. EDELFALTER

Merkmale: Spannweite 35-42 mm. Flügel oberseits schwarz, orange und zusätzlich in verschiedenen Gelbtönen gescheckt; Vorderflügel beim ♂ (Bild) mit deutlich schmälerem Umriss als beim ♀. Flugzeit V-VI. Raupe lebhaft schwarz-gelb gescheckt.
Vorkommen: In etwas feuchten, lichten Wäldern mit größeren Beständen jüngerer Eschen; in M.-EU überall sehr selten geworden, aus weiten Gebieten ganz verschwunden.
Wissenswertes: Die Raupen entwickeln sich zunächst gesellig in dichten Gespinsten an Eschenzweigen. Nach der Überwinterung, die am Boden stattfindet, vereinzeln sie sich und fressen jetzt an verschiedenen niedrigen Pflanzen. Die Art zeigt an den wenigen verbliebenen Fundorten von Jahr zu Jahr ausgeprägte Häufigkeitsschwankungen. **RL! §!**

Goldener Scheckenfalter
Euphydryas aurinia FAM. EDELFALTER

Merkmale: Spannweite 35-38 mm. Sehr ähnlich dem Maivogel, doch ♂ mit deutlich breiterer Form des Vorderflügels; Hinterflügel in der orangefarbenen Binde mit schwarzen Punkten (die beim Maivogel fehlen). Die alpine Unterart *E. aurinia debilis* ist deutlich kleiner und nur sehr blass gefärbt. Flugzeit V-VII.
Vorkommen: Zum einen auf Feuchtwiesen im Randbereich von Mooren, zum andern auf blütenreichen Trockenrasen, außerdem auf alpinen Matten in den Hochlagen der Alpen. In M.-EU weit verbreitet, aber an den außeralpinen Fundorten stark zurückgegangen und vielerorts verschwunden.
Wissenswertes: Die kontrastreich schwarz-weiß gezeichnete Raupe entwickelt sich auf Feuchtwiesen am Teufelsabbiss, an Trockenstandorten dagegen an Skabiosen, die der alpinen Unterart an Enzian-Arten. Die Jungraupen leben in einem gemeinsamen Gespinst, in dem auch die Überwinterung stattfindet. **RL, §!**

Veilchenscheckenfalter *Euphydryas cynthia* FAMILIE EDELFALTER

Merkmale: Spannweite 35-40 mm. ♂ (linkes Tier im Bild) durch die weißen Zeichnungen in den orange und schwarz gescheckten Flügeln unverkennbar; ♀ (rechtes Tier im Bild) sehr ähnlich dem des Goldenen Scheckenfalters, jedoch Punkte in der orangefarbenen Binde der Flügelunterseite ohne hellen Hof (dieser bei *E. aurinia* deutlich erkennbar). Flugzeit VI-VII. Raupe schwarz, jedes Segment mit gelbem Ring und 2 gelben Punkten.
Vorkommen: Auf alpinen Matten, meist oberhalb der Waldgrenze (bis in etwa 3000 m Höhe); von den französischen Meeralpen über die Schweizer Alpen und Dolomiten bis in die Niederen Tauern, in den deutschen Alpen selten; sonst nur noch im Pirin- und Rila-Gebirge (Bulgarien); überall ziemlich selten, doch in manchen Jahren örtlich in großer Individuenzahl.
Wissenswertes: Der bei warmem Wetter recht scheue Falter fliegt meist dicht über dem Boden und besucht vorzugsweise verschiedene alpine Polsterpflanzen. Bei kühlerer, sonniger Witterung setzt er sich zum Sonnen oft auf Steine oder, wie im Bild, auf getrocknete Kuhfladen. Die Raupe entwickelt sich am Alpen-Wegerich oder am Langspornigen Veilchen, vermutlich auch an anderen Pflanzen. Die Jungraupen fressen zunächst in einem gemeinsamen Gespinst an der Futterpflanze und überwintern darin ein erstes Mal. Im nächsten Jahr entwickeln sie sich weiter und halten dann ein zweites Mal Winterruhe. Erst im folgenden Juni findet, meist an einem Stein, die Verpuppung statt (rechtes kl. Foto). Die Art neigt in manchen Jahren zur Massenvermehrung, in deren Folge die Population meist fast völlig zusammenbricht. **(RL), §!**

EDELFALTER 171

Großer Kohlweißling *Pieris brassicae* FAMILIE WEISSLINGE

Merkmale: Spannweite 50-65 mm. Vorderflügel oberseits mit ausgedehntem, schwarzem Spitzenfleck, beim ♀ zusätzlich mit 2 großen, schwarzen Punkten. Flugzeit IV-X. Raupe gelbgrün gefärbt mit dichtem, schwarzem Punktemuster.

Vorkommen: Vorwiegend in Gärten und sonstigen kultivierten Flächen, besonders auf Kohlfeldern, seltener auf Wiesen und Trockenrasen; früher überall sehr häufig, in den letzten Jahren gebietsweise aber deutlich zurückgegangen.

Wissenswertes: Die Raupen entwickeln sich vorwiegend an verschiedenen Kohlsorten, doch ebenso an wild wachsenden Kreuzblütengewächsen, oft auch an der Kapuzinerkresse. Die Falter fliegen bei uns meist in 3 Generationen pro Jahr. Während die Frühlingsfalter nur kleine Gelege von z.T. weniger als 10 Eiern ablegen, heften die im Sommer fliegenden Tiere manchmal mehrere 100 Eier in dichten Eispiegeln an die Blattunterseiten der Futterpflanzen. So besiedeln die Raupen der Sommergenerationen die Pflanzen meist in dichten Scharen. Zur Verpuppung wandern sie oft an Gebäuden empor und verwandeln sich dort in weißliche, schwarz gepunktete Gürtelpuppen, die auch überwintern. In der Regel ist allerdings ein erheblicher Teil der Raupen von Larven der Erzwespe *Apanteles glomeratus* befallen. Diese verlassen ihren sterbenden Wirt kurz vor dessen Verpuppung und spinnen daneben längliche, gelbe Kokons, die im Volksmund fälschlich als »Raupeneier« bezeichnet werden. Die Puppen werden oft von der Schlupfwespe *Pteromalus puparum* angestochen und mit Eiern belegt. Beide Parasiten sorgen dafür, dass die Frühjahrsgeneration des G.K. in nur geringer Individuenzahl schlüpft.

Kleiner Kohlweißling
Pieris rapae FAMILIE WEISSLINGE

Merkmale: Spannweite etwa 40-50 mm. Sehr ähnlich dem Großen Kohlweißling, doch dunkler Spitzenfleck der Vorderflügel kleiner und ♂ (Bild) zumeist mit 1 schwarzen Punkt auf den Vorderflügeln (♀ wie beim Großen Kohlweißling dort mit 2 Punkten). Flugzeit V-X. Raupe grün mit gewöhnlich nur schwach entwickeltem, hellem Seitenstreifen.

Vorkommen: In offenem Gelände jeglicher Art, besonders auf Kulturflächen; überall einer der häufigsten Tagfalter.

Wissenswertes: Das Weibchen des K.K. legt seine Eier stets einzeln an den Futterpflanzen, Kohl und andere Kreuzblütengewächse, aber auch Kapuzinerkresse und Resede, ab. Die Raupe lebt daher einzeln und viel stärker versteckt als die des größeren Verwandten. Die Art kann im Jahr 2-4 Generationen hervorbringen.

Grünaderweißling
Pieris napi FAMILIE WEISSLINGE

Merkmale: Spannweite etwa 35-45 mm. Flügel oberseits sehr ähnlich wie beim Kleinen Kohlweißling, Unterseite der Hinterflügel aber mit grün oder grau bestäubten Adern. Flugzeit V-IX. Raupe grün mit gelblichen Ringen um die Atemöffnungen an den Körperseiten.

Vorkommen: Vorwiegend in lichten Wäldern, an Waldrändern sowie in Parks und Gärten, weniger in ganz offenem Gelände; fast überall häufig.

Wissenswertes: Die Raupe entwickelt sich nur ausnahmsweise an Kohlpflanzen, sie bevorzugt vielmehr wild lebende Kreuzblütengewächse, die an feuchten Stellen wachsen, etwa Wiesen-Schaumkraut, Knoblauchrauke oder Wasserkresse. Daher tritt sie auch kaum einmal schädlich in Erscheinung. Die Falter fliegen jährlich in mehreren Generationen und treten vor allem im Herbst sehr zahlreich auf.

WEISSLINGE 173

Aurorafalter Anthocaris cardamines
FAMILIE WEISSLINGE

Merkmale: Spannweite 35-45 mm. Spitze der Vorderflügel beim ♂ (linkes Foto) ober- wie unterseits mit einem großen, orangefarbenen Fleck, der dem ♀ (rechtes Foto) fehlt; Unterseite der Hinterflügel bei beiden Geschlechtern mit olivgrüner Marmorierung. Flugzeit III-VII. Raupe ausgesprochen schlank, oberseits blaugrün gefärbt, mit einem nach oben hin unscharf begrenzten, weißlichen Seitenstreifen, darunter scharf abgesetzt dunkelgrün.

Vorkommen: Auf Feuchtwiesen, an blütenreichen Waldrändern und in lichten, etwas feuchten Wäldern; in fast ganz Europa ziemlich häufig, in etlichen Gegenden aber bereits deutlich in Abnahme begriffen.

Wissenswertes: Die Raupe entwickelt sich vorzugsweise am Wiesen-Schaumkraut und an der Knoblauchrauke, aber auch an verschiedenen anderen Kreuzblütengewächsen. Das Falterweibchen legt seine länglich ovalen Eier ausschließlich an blühende Pflanzen ab, und zwar immer am Blütenstiel in etwa 5 mm Entfernung zur Blüte. Die Raupe ernährt sich von den heranreifenden Früchten; nur in der größten Not geht sie auch an junge Blätter ihrer Futterpflanze. Zur Verpuppung befestigt sie sich an Pflanzenstängeln, oft an der Futterpflanze. Die auffallend schmale Gürtelpuppe besitzt eine sehr markante Form: Ihre Kopfspitze ist in einen langen, schmalen Zipfel ausgezogen, der ganze Rücken gleichmäßig konkav eingebogen. Hierdurch erinnert sie sehr an einen Pflanzendorn oder einen abgebrochenen Seitentrieb. Sie überwintert und ist aufgrund ihrer meist hellbraunen (seltener grünen) Färbung in der verdorrten Vegetation nur sehr schwer zu entdecken. Der Verpuppungsort liegt stets dicht über dem Erdboden, um ein Austrocknen während der beinahe zehnmonatigen Puppenruhe zu verhindern. §!

Resedafalter
Pontia daphlidice FAMILIE WEISSLINGE

Merkmale: Spannweite 35-45 mm. Vorderflügel oberseits mit schwarzem, weiß geflecktem Spitzensaum, Hinterflügel unterseits olivgrün gefleckt. Flugzeit IV-VII in 2 Generationen. Raupe blaugrau getönt, mit 4 gelbweißen Längsbinden und zahlreichen schwarzen Punkten gezeichnet.

Vorkommen: An offenen, warmen Stellen; im Mittelmeergebiet ziemlich verbreitet, nördlich der Alpen nur ganz vereinzelt.

Wissenswertes: Der Resedafalter flog in früheren Zeiten offenbar nicht selten als Wanderfalter aus S-EU in M.-EU ein und brachte z.T. mehrere Nachfolgegenerationen in einem Sommer hervor. In den letzten Jahren sind derartige Einflüge aber offenbar stark zurückgegangen. Die Raupe entwickelt sich meist an Reseda-Arten, daneben auch an verschiedenen Kreuzblütengewächsen.

Tintenfleckweißling
Leptidea sinapis FAMILIE WEISSLINGE

Merkmale: Spannweite 30-40 mm. Auffallend zierlicher Weißling; ♂ mit grauem Fleck vor der Spitze des Vorderflügels, dieser beim ♀ meist nur undeutlich ausgeprägt. Flugzeit IV-IX.

Vorkommen: An Waldrändern, in lichten Wäldern, an Hecken und Wegsäumen sowie auf Wiesen; in den meisten Gegenden nicht selten.

Wissenswertes: Die Art wird in älteren Werken meist völlig irreführend als »Senfweißling« bezeichnet. Im Gegensatz zu den auf S. 172 vorgestellten *Pieris*-Arten entwickelt sich dieser Weißling aber niemals an Kreuzblütengewächsen, also auch nicht an Senf. Seine hellgrüne, mit schmalen gelblichen Seitenstreifen gezeichnete Raupe frisst vielmehr ausschließlich an Schmetterlingsblütengewächsen, v.a. an der Wiesen-Platterbse. Bei der Balz setzt sich das Männchen dicht vor ein Weibchen, bewegt den Kopf hin und her und umkreist mit dem ausgefahrenen Rüssel den Kopf der Partnerin. Ist sie noch unverpaart, krümmt sie ihre Hinterleibsspitze dem Männchen entgegen und erlaubt diesem die Begattung. (RL), §!

WEISSLINGE 175

Baumweißling *Aporia crataegi*   FAMILIE WEISSLINGE

Merkmale: Spannweite 50-65 mm. Flügel einfarbig weiß mit deutlich hervortretendem, weißem Adernetz; hierdurch und durch die Größe sehr an einen Apollofalter, insbesondere den Schwarzen Apollo (⇨ S.182) erinnernd. Flugzeit V-VII. Raupe als einzige heimische Weißlingsraupe stark behaart, glänzend schwarz mit gelblichen oder braunen Längsstreifen.
Vorkommen: Vorwiegend in offenem Gelände mit lockerem Baum- oder Strauchbestand; meist in trockenwarmen Lagen, doch auch auf Feuchtwiesen am Rand von Mooren; gebietsweise und jahrweise in sehr unterschiedlicher Häufigkeit.
Wissenswertes: Die Raupen entwickeln sich an verschiedenen Gehölzen aus der Familie der Rosengewächse, z.B. an Weißdorn, Schlehen, Rosen, Ebereschen und diversen Obstbäumen. Sie überwintern als Jungraupen an der Futterpflanze in einem gemeinsamen Gespinst, das sie im Mai verlassen.
Während die Art aus vielen Gegenden fast völlig verschwunden ist, neigt sie in anderen Regionen, z.B. in der Oberrheinischen Tiefebene, in manchen Jahren zu außerordentlichen Massenvermehrungen, bei denen in Obstkulturen durchaus Schäden entstehen können. So kam es beispielsweise von 1977-1986 entlang der Autobahn zwischen Mannheim und Heidelberg zu einer derartigen Vermehrung, bei der die zu den Rosengewächsen zählenden Sträucher in diesem Gebiet weitgehend kahl gefressen wurden, alle anderen Gehölze aber weitgehend verschont blieben. Der Zusammenbruch der Population erfolgte Ende der Achtzigerjahre, als Spritzaktionen gegen den gleichzeitig im Gebiet auftretenden Goldafter (⇨ S.80) durchgeführt wurden. **(RL)**

Zitronenfalter *Gonepteryx rhamni*   FAMILIE WEISSLINGE

Merkmale: Spannweite 50-55 mm. Flügel beim ♂ einheitlich gelb (Foto rechte Seite), beim ♀ grünlich weiß, ohne dunkle Zeichnung. Flugzeit ganzjährig. Raupe grün mit weißlichem, nach oben unscharf begrenztem Seitenstreifen.
Vorkommen: In lichten Wäldern, an Waldrändern und in verbuschtem, offenem Gelände; in EU fast überall häufig, doch in manchen Gegenden seit einigen Jahren deutlich zurückgehend.
Wissenswertes: Die Falter dieser Art können die außergewöhnlich lange Lebensdauer von mehr als 12 Monaten erreichen. Hiervon entfallen allerdings mehrere Monate auf die Winterruhe, die die Tiere frei in der Vegetation verbringen, dicht über dem Boden an einem Pflanzenstängel hängend. Nach der Überwinterung legen die Weibchen ihre Eier einzeln oder in kleinen Gruppen an die Blätter von Faulbaum oder Purgier-Kreuzdorn, seltener auch von anderen Kreuzdorn-Arten ab. Die Raupe befrisst das Blatt von den Rändern her und ruht sich auf der Mittelrippe auf einem lockeren Gespinst aus. Durch ihre Färbung ist sie hier hervorragend getarnt. Die grüne Gürtelpuppe findet sich später an Blattunterseiten oder Zweigen der Futterpflanze, meist in fast waagrechter Position.

> *Ähnlich:* **Kleopatrafalter** *Gonepteryx cleopatra*, ♂ mit großem orangefarbenem Fleck auf der Oberseite der Vorderflügel; im Mittelmeergebiet ziemlich häufig.

176 *WEISSLINGE*

WEISSLINGE

Hochmoorgelbling
Colias palaeno   FAMILIE WEISSLINGE

Hufeisenklee-Gelbling
Colias australis   FAMILIE WEISSLINGE

Merkmale: Spannweite 40-50 mm. Flügeloberseite beim ♂ grünlich gelb, beim ♀ weißlich gelb, jeweils mit einheitlich schwarzbrauner, nicht hell gefleckter Randbinde. Flugzeit VI-VIII. Raupe grün, an den Seiten gelb gestreift.
Vorkommen: Auf Hochmooren und Feuchtwiesen; selten, fast nur noch in den Alpen und im Alpenvorland, im nördl. D bereits ausgestorben.
Wissenswertes: Der Falter legt seine Eier ausschließlich auf den Blättern der Rauschbeere ab. Die Raupe befrisst zunächst die Blattoberseite mit einem Schabefraß und lässt sich beim herbstlichen Laubfall mit dem Blatt zu Boden fallen, wo sie überwintert. Im Frühjahr besteigt sie erneut die Futterpflanze. Mit dem allgemeinen Rückgang der Moore hat die Art bereits erhebliche Bestandseinbußen erlitten. RL, §!

Merkmale: Spannweite 35-45 mm. Färbung des ♂ oberseits leuchtend gelb, des ♀ gelblich weiß, beide mit hellen Flecken in der dunklen Randbinde. Flugzeit IV-X. Raupe sehr bunt gezeichnet.
Vorkommen: Vorwiegend an warmen, offenen Stellen auf Kalkboden, z.B. an neu angelegten Straßenböschungen; im südl. M.-EU ziemlich häufig, nach N zu seltener; breitet sich weiter aus.
Wissenswertes: Raupe an Hufeisenklee und Bunter Kronwicke. **(RL), §!** Schwer zu unterscheidende »Zwillingsart« **Goldene Acht** *Colias hyale*.

Postillon
Colias crocea   FAMILIE WEISSLINGE

Alpengelbling
Colias phicomone   FAMILIE WEISSLINGE

Merkmale: Spannweite 35-50 mm. Beide Geschlechter zumeist mit leuchtend orange getönter Flügeloberseite, ♂ mit einheitlich dunkler, ♀ mit hell gefleckter Randbinde. Flugzeit IV-X. Raupe grün gefärbt mit weißlicher, mehr oder weniger deutlich rot gefleckter Seitenbinde.
Vorkommen: Vor allem auf kultivierten Flächen, etwa auf Kleeäckern und Wiesen; in M.-EU von Jahr zu Jahr in sehr unterschiedlicher Häufigkeit.
Wissenswertes: Dieser typische, eigentlich im Mittelmeergebiet heimische Wanderfalter taucht immer wieder in M.-EU auf und bringt hier dann z.T. mehrere Nachfolgegenerationen hervor. Ob die Art hier allerdings auch überwintern kann, ist unsicher. Die Raupe entwickelt sich an verschiedenen Schmetterlingsblütengewächsen, so z.B. an Klee-Arten, Luzerne, Kronwicke, Esparsette oder Hufeisenklee. §!

Merkmale: Spannweite 35-45 mm. Flügeloberseite grünlich gelb oder weißlich mit verwaschenen grauen Zeichnungen, insgesamt aber sehr variabel; Randbinde grau, nur unscharf abgesetzt. Flugzeit VI-IX.
Vorkommen: Auf Bergwiesen und Almen; in M.-EU nur in den Alpen, hier von knapp 1000 m bis über die Waldgrenze ziemlich häufig, besonders in den Zentralalpen.
Wissenswertes: Die grüne, an den Flanken hell gestreifte Raupe lebt an verschiedenen Schmetterlingsblütengewächsen, insbesondere an Horn- und Hufeisenklee. Man kann sie bis in Höhen von etwa 2300 m antreffen. Sie überwintert nach der 2. Häutung, eingesponnen an einem Blatt der Futterpflanze. Die grüne, seitlich gelb gestreifte Gürtelpuppe ist ausgangs des Frühjahrs an Steinen oder Pflanzenstängeln zu finden. In Jahren mit günstigem Witterungsverlauf kann es zu einer partiellen 2. Generation von Faltern kommen. Im Gegensatz zum Postillon ist der Alpengelbling ausgesprochen standorttreu. **(RL), §!**

WEISSLINGE 179

Schwalbenschwanz *Papilio machaon*

FAMILIE RITTERFALTER

Merkmale: Spannweite 50-75 mm. Flügel gelb mit dunklem Fleckenmuster, das keine deutlichen Binden bildet; Hinterflügel vergleichsweise kurz geschwänzt. Flugzeit IV-IX. Raupe in den ersten Stadien schwärzlich mit weißer Körpermitte (hierdurch an Vogelkot erinnernd), später leuchtend grün gefärbt mit schwarzen, gelbrot gefleckten Ringen jeweils in der Mitte der einzelnen Rumpfsegmente.

Vorkommen: An Waldrändern, in Gärten und offenem Gelände; im südlichen M.-EU ziemlich häufig, nach N zu seltener.

Wissenswertes: Die Raupe entwickelt sich an verschiedenen Doldenblütlern, vor allem an Möhren, Dill und Pastinak. Bei stärkerer Reizung stülpt sie hinter dem Kopf eine schlauchförmige, leuchtend gelbe Nackengabel aus, die einen intensiven, unangenehmen Geruch verströmt. Sie verpuppt sich an einem Pflanzenstängel oder Stein zu einer typischen, grünen oder graubraunen Gürtelpuppe (kleines Foto, oben). Diese stützt sich mit ihrer nach unten gerichteten Hinterleibsspitze in einem Gespinstpolster ab und wird durch einen um die Körpermitte geschlungenen Faden gehalten. Aus den Puppen der Frühjahrsgeneration entwickeln sich nach etwa zweiwöchiger Puppenruhe die Falter der 2. Jahresgeneration. Diese können in klimatisch begünstigten Gebieten noch eine 3. Faltergeneration hervorbringen; in den meisten Fällen aber überwintern die im Spätsommer gebildeten Puppen. **(RL), §!**

Segelfalter *Iphiclides podalirius*

FAMILIE RITTERFALTER

Merkmale: Spannweite rund 50-70 mm. Flügel blasser gefärbt als beim Schwalbenschwanz; die dunklen Zeichnungen bilden ein Streifenmuster, das sich von den Vorderflügeln auf die Hinterflügel fortsetzt; Hinterflügel lang geschwänzt. Flugzeit IV-VIII. Raupe sehr kompakt und hochrückig gebaut, gelblich oder grün gefärbt mit schmalen, helleren Schrägstreifen, oberseits oft mit unregelmäßig verteilten, rotbraunen Flecken; Jungraupe dagegen überaus ähnlich der des Schwalbenschwanzes.

Vorkommen: An warmen, sonnigen Stellen, vorzugsweise in Weinbaugebieten; in M.-EU ziemlich selten geworden und vielerorts bereits verschwunden, in S-EU noch häufig.

Wissenswertes: Die Falter legen bei der Balz, wie übrigens auch die Schwalbenschwänze, ein typisches »Hilltopping«-Verhalten an den Tag: Sie sammeln sich manchmal in größerer Zahl an niedrigen Bergkuppen und umkreisen sich dort in wildem Flug. Zwischendurch ruhen sie sich an ganz bestimmten Ruheplätzen, gewöhnlich an der Spitze von sonnenbeschienenen Zweigen, aus.

Die Raupe entwickelt sich an verschiedenen Sträuchern und Bäumen, in M.-EU vorzugsweise an der Schlehe. Man findet sie bei uns aber fast ausschließlich an schlechtwüchsigen, niedrigen Krüppelschlehen, die über offenen, stark besonnten Bodenstellen wachsen. Nur dort erhalten sie die für ihre Entwicklung notwendige Wärme. Während die ausgewachsene Raupe in ihrer unauffälligen Ruhehaltung an den Zweigen schwer zu entdecken ist, sind die in der Mitte der Blattoberseite sitzenden, noch dunkel gefärbten Jungraupen leicht zu finden.

In klimatisch ungünstigeren Gebieten tritt die Art normalerweise nur in 1 Generation pro Jahr (mit Faltern nur im Frühjahr) auf, am Oberrhein und in anderen besonders warmen Gegenden entwickelt sich regelmäßig eine weitere Faltergeneration im Sommer. Überwinterungsstadium ist immer die Puppe. **RL, §!**

RITTERFALTER 181

Osterluzeifalter *Zerynthia polyxena*   FAMILIE RITTERFALTER

Merkmale: Spannweite 45-55 mm. Flügel ungeschwänzt, entlang dem Außenrand mit schwarzer Schleifenbinde; Vorderflügel, wenn überhaupt, nur nahe der Spitze mit roten Flecken. Flugzeit IV-V. Raupe silbergrau gefärbt, mit 6 regelmäßigen Längsreihen orangefarbener, bestachelter Hautwarzen.
Vorkommen: An warmen, offenen Stellen, z.B. auf Waldlichtungen und trockenem Ödland; im östl. Mittelmeergebiet weit verbreitet und gebietsweise nicht selten, nordwärts bis ins Burgenland und die Südalpen (hier überall selten geworden).
Wissenswertes: Die Raupe entwickelt sich an verschiedenen Osterluzei-Arten, besonders an *Aristolochia clematitis* und *A. rotunda*. Sie frisst zunächst nur an den Blüten und verzehrt später auch die Blätter. Schließlich verpuppt sie sich zu einer graubraunen, schmalen Gürtelpuppe, bei der sich der Gürtel statt um die Körpermitte über 2 vorn an der Kopfspitze liegende Dornen zieht. Die Überwinterung erfolgt als Puppe. §!

Ähnlich: **Spanischer Osterluzeifalter** *Zerynthia rumina*, rote Flecke auch in der Basalhälfte der Vorderflügel; auf das westliche Mittelmeergebiet beschränkt, wo er stellenweise recht häufig auftreten kann, so z.B. auf der Iberischen Halbinsel. §!

Schwarzer Apollo *Parnassius mnemosyne*   FAMILIE RITTERFALTER

Merkmale: Spannweite 45-60 mm. Bei flüchtiger Betrachtung an einen großen Weißling, speziell den Baumweißling, erinnernd, im Unterschied zu diesem aber mit transparenten Flügelspitzen sowie einzelnen schwarzen Flecken auf dem Vorderflügel. Flugzeit V-VII.
Vorkommen: Im Bergland auf Waldlichtungen und Blumenwiesen; bei uns überall selten geworden.
Wissenswertes: Die Raupe ähnelt sehr derjenigen des Roten Apollos (⇨ S. 184). Sie ernährt sich von Lerchensporn-Arten, insbesondere vom Hohlen Lerchensporn, einer typischen Waldpflanze. Da die fertigen Falter jedoch für ihre eigene Nektarversorgung sonnige, blütenreiche Wiesen benötigen, sich aber kaum von ihrem Entwicklungsort entfernen, kann die Art nur dort vorkommen, wo Blumenwiesen und Wälder mit üppigen Lerchenspornbeständen eng aneinandergrenzen. Der S.A. leidet daher besonders unter der Zunahme großflächig gleichförmiger Waldstrukturen. Die Falter sind bei günstiger Witterung recht scheu und flugaktiv. Bei der Paarung heftet das Männchen dem Weibchen eine aus erhärtendem Sekret gebildete Tasche, die Sphragis (kleines Foto), an die Unterseite der Hinterleibsspitze. Durch dieses recht auffällige, hell gefärbte Begattungszeichen, das weitere Paarungen verhindert, sind die bereits verpaarten Weibchen gut zu erkennen. Eine Sphragis kommt auch bei anderen Faltern vor, ist aber nur bei den *Parnassius*-Arten so auffällig. Da zur Zeit der Eiablage die Futterpflanze der Raupen vertrocknet ist, werden die Eier an den Wuchsorten des Lerchensporns einzeln an Pflanzenteile oder Steine geklebt, wo sie überwintern. Die Raupen entwickeln sich im Frühjahr sehr schnell und verpuppen sich – als einzige Tagfalterart – in einem festen Kokon. RL! §!

182 *RITTERFALTER*

Roter Apollo *Parnassius apollo*   FAMILIE RITTERFALTER

Merkmale: Spannweite 65-75 mm. Flügel weiß mit transparenten Spitzen, Hinterflügel oberseits meist mit 2, unterseits mit mehreren roten Augenflecken. Flugzeit VI-IX. Raupe schwarz, jederseits mit leuchtend orangefarbener oder (seltener) gelber Punktreihe.

Vorkommen: An trockenen, felsigen oder steinigen Stellen im Gebirge, meist unterhalb von 2000 m; vor allem in den Alpen, sehr selten auch in den Mittelgebirgen (in D im Moseltal sowie auf der Schwäbischen und Fränkischen Alb); vielerorts, insbesondere außerhalb der Alpen, vom Aussterben bedroht, in den Süd- und Zentralalpen gebietsweise noch ziemlich häufig.

Wissenswertes: Die vorwiegend nachtaktive Raupe schlüpft im zeitigen Frühjahr aus dem überwinternden Ei. Sie ernährt sich bei uns ausschließlich von Blättern des Weißen Mauerpfeffers, außerhalb von M.-EU anscheinend auch von anderen Dickblattgewächsen. Die weiß bereifte, dunkelbraune Puppe liegt in einem lockeren Gespinst am Boden.
Der starke Rückgang des auffallend schönen und daher schon immer sehr begehrten Falters ist weniger auf direkte Nachstellungen durch Sammler als vielmehr auf den starken Rückgang der Futterpflanze zurückzuführen. Der Mauerpfeffer wird leicht von anderen Pflanzen überwuchert und beginnt dann schnell zu kümmern. Die sehr standorttreuen Falter wandern in einem solchen Fall aber nicht zu anderen geeigneten Pflanzenstandorten, sondern legen weiterhin ihre Eier im angestammten Lebensraum ab. Dadurch können ganze Populationen erlöschen, sofern nicht rechtzeitig Pflegemaßnahmen eingeleitet werden. **RL! §!**

Hochalpenapollo *Parnassius phoebus*   FAMILIE RITTERFALTER

Merkmale: Spannweite 50-60 mm. Sehr ähnlich dem Roten Apollo, doch Flügel meist etwas gelblich getönt, auch Vorderflügel fast immer mit einem oder mehreren rot gekernten Flecken, außerdem Fühler kontrastreicher schwarz-weiß geringelt. Flugzeit VI-IX.

Vorkommen: Nur in den Alpen in der Nähe von Quellbächen, meist oberhalb von 2000 m; in den Zentralalpen (vor allem in der Schweiz) gebietsweise ziemlich häufig, in den deutschen Alpen sehr selten.

Wissenswertes: Die Raupe des H. lässt sich dem Aussehen nach nicht sicher von der des Roten Apollos unterscheiden, doch ist ihre seitliche Punktreihe meist gelb, seltener orange. Sie entwickelt sich am Bewimperten Steinbrech *(Saxifraga aizoides)*, einer typischen Pflanze alpiner Quellfluren. Der Falter fliegt daher nicht nur in größerer Höhe, sondern meist auch in ganz anderen Lebensräumen als der Rote Apollo. Wie bei diesem sind die Tiere bei Wärme und Sonnenschein sehr flugfreudig und schwer zu fotografieren. In den Morgenstunden und bei kühlerem Wetter verhalten sie sich dagegen ausgesprochen »fotografenfreundlich« und lassen sich z. B. leicht von einer Pflanze auf eine andere umsetzen. Der H. scheint weit weniger gefährdet zu sein als der Rote Apollo, da seine Lebensräume weniger menschlichen Einflüssen ausgesetzt sind. Doch dürfte ihm gebietsweise die Ausweisung neuer Skigebiete zu schaffen machen. **RL! §!**

RITTERFALTER 185

Register

A. = Ausfalttafel

Ein Pfeil ⇨ weist von einem synonym gebrauchten wissenschaftlichen Namen auf den in diesem Buch verwendeten Namen hin.

Abendpfauenauge 58 + A.
Abraxas grossulariata 28
Abraxas sylvata 28
Acentria ephemerella 14
aceris 52
Achateule 48
Achateulenspinner 74
Acherontia atropos 56
achine 134
Achroia grisella 16
Ackerwinden-Bunteulchen 46 + A.
Acronicta aceris 52
Acronicta alni 52
Acronicta psi 52
Acronicta tridens 52
Actinotia polyodon 48
Admiral 148 + A.
Adscita geryon 104
aegeria 134
aethiops 142
agestis 128
Aglais urticae ⇨ *Nymphalis urticae* 150
aglaja 162
Aglaope infausta 104
Aglia tau 86
Agrodiaetus damon ⇨ *Polyommatus damon* 120
Ahorneule 52
alceae 110
alciphron 118
alcon 124
alcyone 146
alexis 126
Alexisbläuling 126
alfacariensis 178
Allophyes oxyacanthae 50
alni 52
Alpengelbling 178
Alpenspanner 30 + A.
Alpen-Wiesenvögelchen 138
alpina 30
Alucitidae 12
amata 36
Amata phegea
  ⇨ *Syntomis phegea* 98

Ameisenbläulinge 124
Ampferfeuerfalter, Kleiner 118
Ampferspanner 36
ancilla 98
angelicae 100
Angerona prunaria 32
Anthocaris cardamines 174
antiopa 152
antiqua 80
Apatura ilia 160
Apatura iris 160
Aphantopus hyperanthus 140
apiformis 22
Apoda limacodes 74
apollo 184
Apollo, Roter 184
Apollo, Schwarzer 182
Aporia crataegi 176
aquilonaris 166
Araschnia levana 154
arcania 136
Archiearis parthenias 36
Archips podana 12
Arctia caja 88
Arctia festiva 90
Arctia flavia 88
Arctia villica 88
arcuella 12
argiolus 128
argus 122
Argynnis aglaja 162
Argynnis pandora 162
Argynnis paphia 162
argyrognomon 122
Aricia agestis 128
Aricia ataxerxes 128
Aricia eumedon 128
arion 124
atalanta 148
ataxerxes 128
athalia 168
Atolmis rubricollis 96
atomaria 28
atrata 34
atropos 56
Augsburger Bär 90

Aulocera circe 146
aurinia 170
Aurorafalter 174 + A.
australis 178
Autographa bractea 40
Autographa gamma 40

Bandeule, Gelbe 50
Bär, Augsburger 90
Bär, Brauner 88 + A.
Bär, Engadiner 88
Bär, Englischer 90
Bär, Russischer 94
Bär, Schwarzer 88
Bärenspinner 88
batis 74
baton 126
Baumspanner, Zweifleckiger 26
Baumweißling 176
Beilfleckwidderchen 102
Berghexe 144
Bergkronwicken-Widderchen 100
betulae 112
betularia 28
Bibernellwidderchen 100
bicuspis 70
bifida 70
Birkengabelschwanz 70
Birkenspanner 28
Birkenspinner 86 + A.
bisselliella 16
Biston betularia 28
Biston strataria 30
Blauäugiger Waldportier 144
Blauer Eichenzipfelfalter 112
Blaues Ordensband 42
Bläulinge ab 120
Blauschwarzer Eisvogel 158
Blausieb 20 + A.
Blutbär 94 + A.
Boarmia roboraria 26
Boloria aquilonaris 166
Boloria eunomia 166
Boloria euphrosyne 164
Boloria selene 166
Boloria titania 166
bractea 40
brassicae 172
Braunauge 132

Braune Tageule 46
Brauner Bär 88 + A.
Brauner Feuerfalter 118
Brauner Mönch 50
Brauner Waldvogel 140
Braunfleckiger Perlmuttfalter 166
Bräunlicher Obstbaumwickler 12
Braunscheckauge 132
Braunwurzmönch 50
Brennnesselzünsler 14
Brenthis ino 164
briseis 144
Brombeer-Bandeule, Grüne 46
Brombeerspinner 76
Brombeerzipfelfalter 114
brumata 34
bucephala 68
Buchengabelschwanz 70
Buchen-Kahneule 46
Buchenspinner 68
Buchenstreckfuß 80

caja 88
c-album 154
Callimorpha dominula 94
Callimorpha quadripunctaria 94
Callistege mi 46
Callophrys rubi 114
Calostigia pectinataria 34
Calothysanis griseata 36
caltheIla 12
camilla 158
capucina 77
Carcharodus alceae 110
cardamines 174
cardui 148
carniolica 98
Carterocephalus palaemon 108
castrensis 78
Cataclysta lemnata 14
Catocala electa 44
Catocala fraxini 42
Catocala fulminea 44
Catocala nupta 42
Catocala sponsa 44
Catoptria conchella 16
c-aureum 40
Celastrina argiolus 128
celsia 48
celtis 130

Cerura erminea 70
Cerura vinula 70
C-Falter 154
Chamaesphecia
empiformis 22
Charaxes jasius 156
Chazara briseis 144
chrysitis 40
chrysorrhoea 80
cinxia 168
circe 146
clathrata 30
cleopatra 176
Clossiana euphrosyne
⇨ Boloria euphro-
syne 164
Clossiana selene
⇨ Boloria selene 166
Clossiana titania
⇨ Boloria titania 166
Clostera curtula 68
c-nigrum 48
coenobita 50
Coenonympha arcania
136
Coenonympha darwiniana
138
Coenonympha gardetta
138
Coenonympha glycerion
138
Coenonympha hero 138
Coenonympha oedippus
138
Coenonympha pamphilus
136
Coenonympha tullia 138
Colias alfacariensis 178
Colias australis ⇨ Colias
altacariensis 178
Colias crocea 178
Colias hyale 178
Colias palaeno 178
Colias phicomone 178
comma 108
conchella 16
convolvuli 58
coridon 120
Cossus cossus 20
crataegi 78
Crocallis elinguaria 32
crocea 178
Cucullia scrophulariae 50
Cucullia verbasci 50
Cupido minimus 128

curtula 68
Cyaniris semiargus
⇨ Polyommatus semi-
argus 120
cynthia 170
Cynthia cardui
⇨ Vanessa cardui 148

Dahlica triquetrella 18
damon 120
daphlidice 174
daphnis 122
Daphnis nerii 62
darwiniana 138
Darwins Wiesenvögel-
chen 138
defoliariata 26
Deilephila elpenor 62
Deilephila porcellus 62
Dendrolimus pini 78
Diachrysia chrysitis 40
Diacrisia sannio 92
Dickkopffalter, Dunkler
110
Dickkopffalter,
Gelbwürfeliger 108
Dickkopffalter,
Rostfarbener 108
didyma 168
dispar (Lycaena) 116
dispar (Lymantria) 82
Distelfalter 148
dolabraria 32
dominula 94
Dörrobstmotte 16
Dreikant-Zwergsackträger
18
Dreizack-Pfeileule 52
Drepana falcataria 74
dryas 144
dubitata 34
Dukatenfalter 116 + A.
Dunkelbrauner Bläuling
128
Dunkler Ameisenbläuling
124
Dunkler Dickkopffalter
110
Dysauxes ancilla 98

Ecliptopera silaceata 34
Eichenkarmin, Großes 44
Eichen-Prozessions-
spinner 72
Eichenspanner, Großer 26

Eichenspinner 78
Eichenzipfelfalter, Blauer
112
Eisenhut-Goldeule 40
Eismohrenfalter 142
Eisvogel, Blauschwarzer
158
Eisvogel, Großer 156
Eisvogel, Kleiner 158
electa 44
Eligmodonta ziczac 70
elinguaria 32
Elkneria pudibunda 80
Elophila nymphaeata 14
elpenor 62
Ematurga atomaria 28
Emmelina trabealis 46
empiformis 22
Endromis versicolora 86
Engadiner Bär 88
Englischer Bär 90
ephemerella 14
ephialtes 102
Epichnopteryx sieboldii 18
Epione vespertaria 30
Erannis defoliariata 26
Erdbeerbaumfalter 156
Erebia aethiops 142
Erebia ligea 142
Erebia medusa 142
Erebia pluto 142
Erebia tyndarus 142
Erleneule 52
erminea 70
Erpelschwanz 68
Erynnis tages 110
Esparsettenwidderchen
98
Espenspanner 30
Euchalcia modestoides 40
Euclidia glyphica 46
Eulen 38
eumedon 128
Eumedonia eumedon
⇨ Aricia eumedon 128
eunomia 166
euphorbiae 60
euphrosyne 164
Euphydryas aurinia 170
Euphydryas cynthia 170
Euphydryas maturna 170
Euproctis chrysorrhoea 80
Euproctis similis 80
Eurrhypara hortulata 14
Euthrix potatoria 76

evonymella 18
exulans 104

fagi (Hipparchia) 146
fagi (Stauropus) 68
falcataria 74
Faulbaumbläuling 128
fausta 100
Federgeistchen 12 + A.
Felsflur-Sackträger 18
Felshalden-Flechtenbär
96
fenestrella 22
festiva 90
Fetthennenbläuling 126
Feuerfalter ab 116
filipendulae 100
fimbriata 50
flammea 50
flavia 88
Flechteneule 48
Fleckenspanner 30
flexula 48
Forleule 50
formicaeformis 22
fraxini 42
Frostspanner, Großer
26 + A.
Frostspanner, Kleiner 34
Fuchs, Großer 152
Fuchs, Kleiner 150
fuciformis 64
fuliginosa 92
fulminea 44
Fünffleck-Widderchen,
Kleines 102
Furcula bicuspis 70
Furcula bifida 70
Furcula furcula 70

Gabelschwänze 70
galathea 146
galii 60
Galleria mellonella 16
gamma 40
Gammaeule 40 + A.
gardetta 138
Gastropacha quercifolia
76
Geißblattspanner 32
Geißkleebläuling 122
Geistchen 12
Gelbe Bandeule 50
Gelbes Ordensband 44
Gelbringfalter 134

Gelbwürfeliger Dickkopffalter 108 + A.
Geometra papilionaria 36
geryon 104
Gespinstmotte, Pflaumen 18
Gestreifter Grasbär 92
Gewöhnlicher Bläuling 120
Gitterspanner 30
Glaucopsyche alexis 126
Glucken 76
glycerion 138
glyphica 46
Goldafter 80
Goldene Acht 178
Goldener Scheckenfalter 170
Goldplättchen 40
Gonepteryx cleopatra 176
Gonepteryx rhamni 176
gonodactyla 12
Grasbär, Gestreifter 92
Grasglucke 76
Graublauer Bläuling 126
griseata 36
grisella 16
Große Wachsmotte 16
Großer Eichenspanner 26
Großer Eisvogel 156
Großer Feuerfalter 116
Großer Frostspanner 26 + F.
Großer Fuchs 152
Großer Gabelschwanz 70 + A.
Großer Hopfen-Wurzelbohrer 20
Großer Kohlweißling 172 + A.
Großer Perlmuttfalter 162
Großer Schillerfalter 160 + A.
Großer Schneckenspinner 74
Großer Sonnenröschenbläuling 128
Großer Waldportier 146
Großes Eichenkarmin 44
Großes Jungfernkind 36 + F.
Großes Ochsenauge 140
Großes Wiesenvögelchen 138
grossulariata 28

Grünaderweißling 172
Grüne Brombeer-Bandeule 46
Grüner Labkrautspanner 34
Grünes Blatt 36 + A.

Habrosyne pyritoides 74
Hamearis lucina 130
Hausmutter 50
hecta 18
Heidekraut-Wurzelbohrer 20
Heidespanner 28
Heller Sichelflügler 74 + A.
Hemaris fuciformis 64
Hemaris tityus 64
Hepialus humuli 20
hero 138
Herse convolvuli 58
Hesperia comma 108
Hipparchia alcyone 146
Hipparchia fagi 146
Hipparchia semele 144
hippothoe 118
Hochalpenapollo 184
Hochalpenwidderchen 104
Hochmoorgelbling 178
Hochmoor-Perlmuttfalter 166
Höhlenspanner 34
Holzbohrer 20
Hopfen-Wurzelbohrer, Großer 20
Hornissenglasflügler 22 + F.
hortulata 14
Hufeisenklee-Gelbling 178
Hufeisenklee-Widderchen 102
Huflattich-Federmotte 12
Hummelschwärmer 64 + F.
humuli 20
hyale 178
Hyles euphorbiae 60
Hyles galii 60
Hyles livornica 60
Hyloicus pinastri 58
hyperanthus 140

icarus 120
Igelkolbenzünsler 14

ilia 160
Inachis io
⇨ Nymphalis io 150
infausta 104
ino 164
interpunctella 16
io 150
Iphiclides podalirius 180
iris 160
irrorella 96
Issoria lathonia 164

jacobaeae 94
jasius 156
Jungfernkind, Großes 36 + A.
jurtina 140

Kaisermantel 162
Kamelspinner 72
Kammerjungfer 98
Kardinal 162
Kiefernschwärmer 58
Kiefernspinner 78
Kleespinner 78
Kleidermotte 16
Kleine Pappelglucke 76
Kleine Wachsmotte 16
Kleiner Ampferfeuerfalter 118
Kleiner Eisvogel 158
Kleiner Feuerfalter 118
Kleiner Frostspanner 34
Kleiner Fuchs 150
Kleiner Gabelschwanz 70
Kleiner Kohlweißling 172
Kleiner Perlmuttfalter 164 + A.
Kleiner Schillerfalter 160
Kleiner Waldportier 146
Kleiner Weidenglasflügler 22
Kleiner Weinschwärmer 62 + A.
Kleiner Würfeldickkopf 110
Kleines Fünffleckwidderchen 102
Kleines Nachtpfauenauge 84 + A.
Kleines Ochsenauge 140
Kleines Wiesenvögelchen 136
Kleinschmetterlinge 10
Kleopatrafalter 176
Klosterfrau 50

Kohlweißling, Großer 172 + A.
Kohlweißling, Kleiner 172
Kommafalter 108
Kreuzdorn-Zipfelfalter 114
Kronwickenbläuling 122
Kronwickenwidderchen, Ungeringtes 100
Kupferglucke 76
Labkrautschwärmer 60
Labkrautspanner, Grüner 34
Laichkrautzünsler 14 + A.
Lampropteryx ocellata 34
Lamprotes c-aureum 40
Landkärtchen 154
Laothoe populi 58
Lasiocampa quercus 78
Lasiocampa trifolii 78
Lasiommata maera 132
Lasiommata megera 132
Lasiommata petropolitana 132
Laspeyria flexula 48
lathonia 164
lemnata 14
Leptidea sinapis 174
levana 154
libatrix 48
Libythea celtis 130
ligea 142
Ligusterschwärmer 56
ligustri 56
limacodes 74
Limenitis camilla 158
Limenitis populi 156
limenitis reducta 158
Lindenschwärmer 58
Linienschwärmer 60
Lithosia quadra 96
livornica 60
Lomaspilis marginata 36
Lopinga achine 134
loti 102
lucina 130
Lungenenzian-Ameisenbläuling 124
Lungenkraut-Höckereule 40
luteolata 32
Lycaeides argyrognomon 122
Lycaena alciphron 118
Lycaena dispar 116
Lycaena hippothoe 118

Lycaena phlaeas 118
Lycaena tityrus 118
Lycaena virgaureae 116
lycaon 140
Lycia alpina 30
Lymantria dispar 82
Lymantria monacha 82
Lysandra coridon ➪ *Polyommatus coridon 120*

machaon 180
Macroglossum stellatarum 64
Macrothylacia rubi 76
macularia 30
Maculinea alcon 124
Maculinea arion 124
Maculinea nausithous 124
Mädesüß-Perlmuttfalter 164
maera 132
Maivogel 170
Malachiteule 48 + A.
Malacosoma castrensis 78
Malacosoma neustria 78
malvae 110
Malven-Dickkopffalter 110
Maniola jurtina 140
Maniola lycaon 140
Maniola tithonus 140
marginata 36
matronula 90
maturna 170
Mauerfuchs 132 + A.
maura 44
medusa 142
megera 132
Melanargia galathea 146
Meleageria daphnis
   ➪ *Polyommatus daphnis 122*
Melitaea athalia 168
Melitaea cinxia 168
Melitaea didyma 168
Mellicta athalia
   ➪ *Melitaea athalia 168*
mellonella 16
Mesoacidalia aglaja
   ➪ *Argynnis aglaja 162*
Messingeule 40
metallica 12
meticulosa 48

mi 46
Micropteryx calthella 12
Miltochrista miniata 96
Mimas tiliae 58
miniata 96
minimus 128
Minois dryas 144
minos 100
Mittlerer Weinschwärmer 62
mnemosyne 182
modestoides 40
Mohrenfalter 142
monacha 82
Mönch, Brauner 50
Mondfleckspanner 32 + A
Mondvogel 68 + A.
moneta 40
Moor-Wiesenvögelchen 138
Mormo maura 44

Nachtkerzenschwärmer 64 + A.
Nachtpfauenauge, Kleines 84 + A.
Nachtpfauenauge, Wiener 84
Nachtschwalbenschwanz 32 + A.
Nagelfleck 86
napi 172
Natterwurz-Perlmuttfalter 166
nausithous 124
Nemophora metallica 12
Neozephyrus quercus 112
Neptis rivularis 158
nerii 62
neustria 78
Nierenfleck-Zipfelfalter 112
Noctua fimbriata 50
Noctua pronuba 50
Nonne 82
nupta 42
nymphaeata 14
Nymphalis antiopa 152
Nymphalis c-album 154
Nymphalis io 150
Nymphalis polychloros 152
Nymphalis urticae 150
Nymphula stagnata 14
Nyssia alpina
   ➪ *Lycia alpina 30*

Obstbaumwickler, Bräunlicher 12
ocellata (Smerinthus) 58
ocellata (Lampropteryx) 34
Ochlodes venatus 108
Ochsenauge, Großes 140
Ochsenauge, Kleines 140
Ochsenauge, Rostbraunes 140
Odezia atrata 34
oedippus 138
Oleanderschwärmer 62
Olethreutes arcuella 12
Operophthera brumata 34
Ophiusa tirhaca 46
Opisthograptis luteolata 32
Ordensband, Blaues 42
Ordensband, Gelbes 44
Ordensband, Rotes 42 + A.
Ordensband, Schwarzes 44
Orgyia antiqua 80
orion 126
Osterluzeifalter 182
Osterluzeifalter, Spanischer 182
Ourapteryx sambucaria 32
oxyacanthae 50

padella 18
palaemon 108
palaeno 178
Palpenspinner 72
palpina 72
pamphilus 136
pandora 162
Panolis flammea 50
Panthea coenobita 50
paphia 162
Papilio machaon 180
papilionaria 36
Pappelglucke, Kleine 76
Pappelschwärmer 58
Pappelspanner 30
Pararge aegeria 134
Parasemia plantaginis 90
Parnassius apollo 184
Parnassius mnemosyne 182
Parnassius phoebus 184
parthenias 36
pavonia 84
pectinataria 34
pellionella 16

Pelzmotte 16
pentadactylus 12
Peribatodes rhomboidaria 26
Pericallia matronula 90
Perlgrasfalter 136
Perlmuttfalter ab 162
petropolitana 132
Pfauenauge
   s. Tagpfauenauge 148
   s. Nachtpfauenauge 84
Pfauenspinner 84
Pfeileule 52
Pflaumengespinstmotte 18
Pflaumenzipfelfalter 114
Phalera bucephala 68
phegea 98
phicomone 178
phlaeas 118
Phlogophora meticulosa 48
phoebus 184
Phragmatobia fuliginosa 92
Phymatopus hecta 20
Pieris brassicae 172
Pieris napi 172
Pieris rapae 172
pinastri 58
pini 78
Pinien-Prozessionsspinner 72
pityocampa 72
Plagodis dolabraria 32
plantaginis 90
Platyptilia gonodactyla 12
Plebeius argus 122
Plebeius argyrognomon 122
Plodia interpunctella 16
pluto 142
podalirius 180
podana 12
Poecilocampa populi 76
polychloros 152
Polychrysia moneta 40
Polygonia c-album
   ➪ *Nymphalis c-album 154*
polyodon 48
Polyommatus coridon 120
Polyommatus damon 120
Polyommatus daphnis 122
Polyommatus icarus 120

REGISTER DER ARTEN   189

Polyommatus semiargus 120
polyxena 182
Pontia daphlidice 174
populi (Laothoe) 58
populi (Limenitis) 156
populi (Poecilocampa) 76
porcellus 62
Postillon 178 + A.
potatoria 76
Prachtwickler 12 + A.
prasinanus 46
processionea 72
Proclossiana eunomia
  ⇨ *Boloria eunomia* 166
pronuba 50
proserpina 64
Proserpinus proserpina 64
prunaria 32
pruni 114
Pseudoips prasinanus 46
Pseudopanthera macularia 30
Pseudophilotes baton 126
psi 52
Psodos quadrifaria 30
Pterophorus pentadactylus 12
Pterostoma palpina 72
Ptilodon capucina 72
pudibunda 80
purpuralis (Pyrausta) 16
purpuralis (Zygaena) 100
purpurata 92
Purpurbär 92
Purpurroter Zünsler 16
Pyrausta purpuralis 16
Pyrgus malvae 110
pyri 84
pyrina 20
pyritoides 74
Pyronia tithonus
  ⇨ *Maniola tithonus* 140

quadra 96
quadrifaria 30
quadripunctaria 94
quercifolia 76
quercus 112

Randring-Perlmuttfalter 166
rapae 172
reducta 158
Resedafalter 174

rhamni 176
rhomboidaria 26
Rhyparia purpurata 92
Riesengebirgsspanner 30
Ringelspinner 78
rivularis 158
roboraria 26
roscida 96
Roseneule 74 + A.
Rosenmotte 96
Rostbinde 144
Rostbraunes Ochsenauge 140
Rostbraunes Wiesenvögelchen 138
Rostfarbener Dickkopffalter 108
Roter Apollo 184
Roter Scheckenfalter 168
Roter Würfeldickkopf 110
Rotes Ordensband 42 + A.
Rotkleebläuling 120
Rotkragen-Flechtenmotte 96
Rotrandbär 92
rubi (Callophrys) 114
rubi (Macrothylacia) 76
rubricollis 96
rumina 182
Rundaugen-Mohrenfalter 142 + A.
Russischer Bär 94

sambucaria 32
sannio 92
Saturnia pavonia 84
Saturnia pyri 84
Satyrium pruni 114
Satyrium spini 114
Satyrium w-album 114
Saumspanner 36
Schachbrett 146 + A.
Scheckenfalter ab 168
Scheck-Tageule 46
Schillerfalter, Großer 160 + A.
Schillerfalter, Kleiner 160
Schillernder Mohrenfalter 142
Schlehenspanner 32
Schlehenspanner 80
Schlüsselblumen-Würfelfalter 130
Schneckenspinner, Großer 74

Schönbär 94
Schwalbenschwanz 180 + A.
Schwammspinner 82
Schwan 80
Schwärmer 54
Schwarzauge 34
Schwarzer Apollo 182
Schwarzer Bär 88
Schwarzer Trauerfalter 158
Schwarzes C 48
Schwarzes Ordensband 44
Schwarzfleckiger Ameisenbläuling 124
Schwarzspanner 34
Scoliopteryx libatrix 48
Scolitantides orion 126
scrophulariae 50
Sechsfleckwidderchen 100 + A.
Segelfalter 180
selene 166
Selenia tetralunaria 32
semele 144
semiargus 120
Semiothisa clathrata 30
sertorius 110
Sesia apiformis 22
Setina irrorella 96
Setina roscida 96
Sichelflügler, Heller 74
sieboldii 18
silaceata 34
Silberfleck-Perlmuttfalter 164
Silbergrüner Bläuling 120 + A.
similis 80
sinapis 174
Skabiosen-Langhornmotte 12 + A.
Skabiosenschwärmer 64
Smerinthus ocellata 58
Sonnenröschenbläuling, Großer 128
Sonnenröschen-Grünwidderchen 104 + A.
Spanischer Osterluzeifalter 182
Spanner 24
Sphinx ligustri 56
Spialia sertorius 110
spini 114

Spinnerartige 66
Spiris striata 92
sponsa 44
Stachelbeerspanner 28 + A.
stagnata 14
Stahlmotte 96 + A.
Staurophora celsia 48
Stauropus fagi 68
stellatarum 64
Storchschnabelbläuling 128
strataria 30
Streifenspanner 32
striata 92
sylvata 28
Synanthedon formicaeformis 22
Syntomis phegea 98

tages 110
Tageulen 46
Tagfalter 106
Tagpfauenauge 150
tau 86
Taubenschwänzchen 64
tetralunaria 32
Thaumetopoea pityocampa 72
Thaumetopoea processionea 72
Thecla betulae 112
Thyatira batis 74
Thymianwidderchen 100
Thyria jacobaeae 94
Thyris fenestrella 22
tiliae 58
Timandra amata
  ⇨ *Calothysanis griseata* 36
Tinea pellionella 16
Tineola bisselliella 16
Tintenfleckweißling 174
tirhaca 46
titania 166
tithonus 140
tityrus 118
tityus 64
togata 46
Totenkopfschwärmer 56
trabealis 46
Trägspinner 80
transalpina 102
Traubenkirschen-Gespinstmotte 18 + A.

190 REGISTER DER ARTEN

Trauerfalter, Schwarzer 158
Trauermantel 152
Trauerwiderchen 104
tridens 52
trifolii 78
Triphosa dubitata 34
triquetrella 18
Trockenrasen-Flechtenbär 96
tullia 138
tyndarus 142

Ulmen-Fleckenspanner 28
Ulmenzipfelfalter 114
Ungeringtes Kronwicken- widderchen 100
Urmotte 12
urticae 150

Vanessa atalanta 148
Vanessa cardui 148
Veilchenscheckenfalter 170 + A.
venatus 108
Veränderliches Widderchen 102
verbasci 50
versicolora 86
vespertaria 30
viciae 102
Vielzahn- Johanniskrauteule 48

villica 88
vinula 70
Violette Feuerfalter 118
Violett-Gelbeule 46 + A.
virgaureae 116
Vogeldreck 28

Wachsmotte, Große 16
Wachsmotte, Kleine 16
Wachtelweizen- Scheckenfalter 168
w-album 114
Waldbrettspiel 134
Waldmohrenfalter 142
Waldportier, Blauäugiger 144
Waldportier, Großer 146
Waldportier, Kleiner 146
Waldportier, Weißer 146
Waldreben-Fenster- schwärmerchen 22 + A.
Waldvogel, Brauner 140
Wald-Wiesenvögelchen 138
Wasserlinsenzünsler 14
Wasserzünsler, Weißer 14
Wegerichbär 90
Wegerichscheckenfalter 168
Weidenbohrer 20 + A.
Weidenglasflügler, Kleiner 22
Weidenkarmin 44

Weidenröschen- Blattspanner 34
Weinschwärmer, Kleiner 62 + A.
Weinschwärmer, Mittlerer 62
Weißband-Mohrenfalter 142
Weißdolchbläuling 120
Weißdorneule 50
Weißdornspanner 32
Weißer Gabelschwanz 70
Weißer Waldportier 146
Weißer Wasserzünsler 14
Weißfleckwidderchen 98
Wickler 12
Widderchen ab 98
Wiener Nachtpfauenauge 84
Wiesenrauten-Goldeule 40
Wiesenvögelchen ab 136
Wiesenzünsler 16
Windenschwärmer 58
Wolfsmilch-Ringelspinner 78
Wolfsmilchschwärmer 60 + A.
Würfeldickkopf, Kleiner 110
Würfeldickkopf, Roter 110

Xanthia togata 46
Xestia c-nigrum 48

Yponomeuta evonymella 18
Yponomeuta padella 18

Zackeneule 48 + A.
Zahnflügelbläuling 122
Zahnspinner 68
Zerynthia rumina 182
Zerynthia polyxena 182
Zeuzera pyrina 20
Zickzackspinner 70
ziczac 70
Zimtbär 92
Zitronenfalter 176
Zünsler, Purpurroter 16
Zürgelbaumfalter 130
Zweifleckiger Baumspanner 26
Zwergbläuling 128 + A.
Zygaena angelicae 100
Zygaena carniolica 98
Zygaena ephialtes 102
Zygaena exulans 104
Zygaena fausta 100
Zygaena filipendulae 100
Zygaena loti 102
Zygaena minos 100
Zygaena purpuralis 100
Zygaena transalpina 102
Zygaena viciae 102
Zypressenwolfsmilch- Glasflügler 22

Zum Autor:

Der Zoologe Dr. Heiko Bellmann, geboren 1950, ist seit 1975 als wissen-schaftlicher Mitarbeiter an der Universität Ulm tätig. Darüber hinaus be-fasst er sich seit über drei Jahrzehnten intensiv mit der fotografischen Dokumentation vor allem der heimischen Insekten und Spinnentiere. Er veröffentlichte neben zahlreichen Beiträgen in Fachzeitschriften eine Reihe international anerkannter Feldführer seines Themenkreises.

Bildquellen:

Alle Fotos dieses Bandes erstellten der Autor und Werner Zepf, Bregenz. Die Grafiken stammen von Fritz Wendler (†) (einige seiner Raupenbilder kolorierte Steffen Walentowitz), sowie aus Werken von: K. ECKSTEIN: »Die Schmetterlinge Deutschlands«, 1., 2. und 5. Band, Stuttgart ab 1913; A. SPULER: »Die Raupen der Schmetterlinge Europas«, 2. und 3. Auflage von E. HOFMANNS gleichnamigem Werk, Stuttgart 1905; A. SPULER: »Die Großschmetterlinge Europas«, 3 Bände, Stuttgart 1907-1910, E. Schweizerbart'sche Verlagsbuchhandlung, mit freundlicher Genehmigung.

Die ersten Bände der Reihe

STEINBACHS NATURFÜHRER:

Klaus Richarz
LANDVÖGEL

Bruno P. Kremer
BÄUME

Bruno P. Kremer
WILDBLUMEN

Heiko Bellmann
SCHMETTERLINGE

Die Reihe wird fortgesetzt

© 2001 Mosaik Verlag München
in der Verlagsgruppe Bertelsmann GmbH/ 5 4 3 2 1

Projektleitung, Bildredaktion, Buchgestaltung und DTP: Gunter Steinbach
Textredaktion: Dr. Helga Hofmann
Umschlaggestaltung: Heinz Kraxenberger, München
Reproduktionen: Artilitho, Trento
Druck: Alcione, Trento
Bindung: Ecoprint, Lavis, Trento

ISBN 3-576-11457-2

Printed in Italy